CULTURA E POLÍTICA

Edward W. Said

CULTURA E POLÍTICA

Organização
Emir Sader

Tradução
Luiz Bernardo Pericás

Copyright © Edward W. Said
Copyright © desta edição, Boitempo Editorial, 2003

Editora	Ivana Jinkings
Editora assistente	Sandra Brazil
Apresentação e organização	Emir Sader
Tradução	Luiz Bernardo Pericás
Revisão	Alice Kobayashi
	Leticia Braun
	Shirley Gomes
Capa	Antonio Kehl e Ivana Jinkings
	sobre foto de Annie Liebowitz
Editoração eletrônica	Antonio Kehl
Coordenadora de Produção	Juliana Brandt
Assistência de produção	Livia Viganó

CIP-BRASIL. CATALOGAÇÃO-NA-FONTE
SINDICATO NACIONAL DOS EDITORES DE LIVROS, RJ

S139c

Said, Edward W., 1935-2003
 Cultura e política / Edward W. Said ; organização Emir Sader ; tradução Luiz Bernardo Pericás. - 1.ed., rev. - São Paulo : Boitempo, 2012.

 ISBN 978-85-7559-026-3

 1. Palestinos. 2. Conflito árabe-israelense. 3. Relações árabe-israelenses. I. Sader, Emir, 1943- II. Título.

11-6247.   CDD: 956.94
                                                                      CDU: 94(569.4)

É vedada a reprodução de qualquer
parte deste livro sem a expressa autorização da editora.

Este livro atende às normas do acordo ortográfico
em vigor desde janeiro de 2009

1ª edição: janeiro de 2003; 1ª reimpressão: maio de 2007
1ª edição revista: agosto de 2012; 1ª reimpressão: novembro de 2015;
2ª reimpressão: abril de 2018; 3ª reimpressão: setembro de 2024

BOITEMPO EDITORIAL
Jinkings Editores Associados Ltda.
Rua Pereira Leite, 373
05442-000 São Paulo SP
Tel./Fax: (11) 3875-7250 / 3875-7285
editor@boitempoeditorial.com.br | www.boitempoeditorial.com.br
www.blogdaboitempo.com.br | www.facebook.com/boitempo
www.twitter.com/editoraboitempo | www.youtube.com/tvboitempo

Sumário

Apresentação, por Emir Sader 9

Parte I
Uma catástrofe intelectual 15
Meu encontro com Sartre 20
O papel público de escritores e intelectuais 29
O choque da ignorância 42
Naguib Mahfouz e a crueldade da memória 48
Um acadêmico comprometido: Pierre Bourdieu (1930-2002) 54

Parte II
Cinquenta anos de expropriação 59
Palestina: a realidade clara e atual 65
Aviões particulares, poder e privilégios 69
O direito de retorno, finalmente 74
Reflexões sobre a injustiça americana 79
A lei e a ordem 84
Problemas do neoliberalismo 88
Sionismo norte-americano: o verdadeiro problema 92
Mais sobre o sionismo norte-americano 97
Nada mais a oferecer 102

A ÚNICA ALTERNATIVA 106
FREUD, O SIONISMO E VIENA 110
AFIANDO O MACHADO.. 116
O PREÇO DE CAMP DAVID 120
A OCUPAÇÃO É A ATROCIDADE 124
PROPAGANDA E GUERRA 130
ISLÃ E OCIDENTE SÃO BANDEIRAS INADEQUADAS 136
CONHECENDO ISRAEL COMO REALMENTE É.................................... 140
MAIS UM APERTO NO PARAFUSO 145
LEGADO DA SOCIEDADE PALESTINA É TER SOBREVIVIDO................... 150
A CRISE DOS JUDEUS NORTE-AMERICANOS 154
PALESTINOS QUEREM ELEIÇÕES E REFORMAS JÁ.............................. 158
RUA DE MÃO ÚNICA 165

Apresentação

Edward Said é um dos intelectuais mais importantes do nosso tempo. Sua obra e sua vida resumem grande parte dos embates do humanismo contemporâneo: contra o racismo ocidentalista impondo-se como visão de mundo, contra a criminalização do povo palestino e de todos aqueles considerados fora dos padrões da "civilização ocidental", contra a desqualificação da intelectualidade crítica.

Na sua obra, três livros se destacam, em que Said aborda as relações modernas entre o mundo islâmico, os árabes e o Oriente, por um lado, e, por outro, o Ocidente: a França, a Grã-Bretanha e em particular os Estados Unidos. O primeiro deles, *Orientalismo**, resume as principais teses de sua interpretação, segundo a qual o Oriente é uma invenção ocidental para designar seu "outro", espelho no qual se reflete para afirmar sua identidade – eurocentrista e discriminatória.

No segundo, *The Question of Palestine* (A questão palestina), Said relata o combate entre os palestinos e o movimento sionista, hoje personificado no Estado de Israel, que se comporta em relação aos palestinos conforme os cânones do orientalismo. O livro apresenta uma análise concreta, política, das teses gerais de Said, revelando o que fica escondido por detrás das visões ocidentais sobre o Oriente, neste caso a luta nacional palestina pela autodeterminação.

No terceiro, *Covering Islam* (Cobrindo o Islã), o subtítulo da obra indica o objetivo do autor: "como a mídia e os especialistas determinam como nós vemos o resto do mundo". Estes dois últimos livros são considerados por Said parte essencial de sua obra, que articula indissoluvelmente teoria e política como contrapartida do seu engajamento intelectual com a militância pela causa palestina.

---

* Ed. bras.: São Paulo, Companhia das Letras, 2001.

Palestino, nascido em Jerusalém em 1935, Edward Said foi deslocado e expropriado de sua casa e de sua terra natal pelos acontecimentos de 1948, que definiram o injusto mapa atual da região, que impede os palestinos de gozar o mesmo direito que os israelenses – o da construção de um Estado próprio, com todos os direitos de um Estado soberano. Exilado em Nova York, onde além de lecionar literatura comparada na Universidade de Colúmbia é crítico musical da revista *The Nation*, Edward Said captou a questão palestina com uma visão universalista. "Na minha experiência própria, a Palestina sempre esteve identificada em parte de forma elegíaca, em parte resolutamente com expropriação e exílio, enquanto para tantos outros ela é conhecida principalmente como Israel quer, uma terra 'vazia' retornada conforme os ditados bíblicos." Isso porque se conseguiu transformar a Palestina em algo "desconfortavelmente, até escandalosamente, fechado para a experiência judia do genocídio", segundo Said, o que tem tornado "difícil às vezes até pronunciar a palavra *Palestina*", resultado da campanha internacional para tentar demonstrar que ela não existe.

Mas, apesar disso, Edward Said conseguiu encontrar um sentido universal nas lutas pelos direitos dos palestinos, "seja porque o discurso liberal dos direitos humanos, em outras circunstâncias tão eloquente sobre todos os outros direitos, permanece em embaraçoso silêncio diante da Palestina, olhando para o outro lado, ou porque a Palestina fornece o caso-teste para um verdadeiro universalismo em matérias como terror, refugiados e direitos humanos, junto com uma verdadeira complexidade moral frequentemente desviada apressadamente para várias afirmações nacionalistas".

Esse caráter universalista da luta palestina está presente seja porque ela resume o significado das grandes lutas atuais da humanidade pelo reconhecimento dos direitos de todos os povos a afirmar sua identidade e ter a sua expressão política, seja porque ela desperta a atenção da luta a favor "de todos os expropriados, particularmente dos expatriados ou das diferentes formas de existência da diáspora, àqueles destinados a ficar distantes do sólido lugar de repouso que é encarnado pela repatriação".

O significado internacional da luta dos palestinos advém da sua inserção nas relações mundiais de poder, agudizadas pela "guerra infinita" do governo Bush. A equação da questão palestina não pode ser decifrada sem incorporar a existência da hegemonia imperial norte-americana, sua política de petróleo e suas necessidades estratégicas desse produto, Israel como aliado estratégico dos Estados Unidos no Oriente Médio, a existência do forte *lobby* sionista nos Estados Unidos, a dependência europeia e japonesa da ação norte-americana na região para garantir o abastecimento de petróleo – entre outros tantos temas. Sem incorporá-los, é impossível compreender por que um povo possui um Estado e se transformou de vítima em algoz, desatando uma guerra colonial de ocupação, que impede os palestinos de ter o seu Estado e os mesmos direitos.

"Nós somos o primeiro povo cuja terra foi colonizada e que foi declarado *persona non grata*, foi expropriado, cujos traços de existência nacional foram sistematicamente borrados pelos imigrantes que os substituíram. Este não era o tipo de exploração existente na Argélia, nem o estilo do *apartheid* da África do Sul, nem o tipo de extermínio de massa na Tanzânia. É como se nós não estivéssemos lá, invisíveis, e muitos foram tirados de sua terra e referidos como não povo; uma pequena minoria ficou em Israel e é tratada juridicamente não como sendo palestina, mas 'não judia'."

E, no entanto, Said preconiza uma solução pacífica, negociada, do conflito palestino-israelita, prega que os palestinos deixem de usar a força – ainda com todo o direito moral de reagir às atrocidades e às humilhações a que têm sido submetidos há décadas –, para que fique evidente o núcleo do problema – a ocupação colonial do território da Palestina por Israel. Sua proposta de paz implica o reconhecimento de que se trata de dois povos que estão condenados a viver um ao lado do outro, com direitos iguais a ter Estados soberanos, com fronteiras delimitadas e com o direito de retorno dos exilados.

Para completar a tríade indissociável na obra de Edward Said entre sionismo, imperialismo norte-americano e orientalismo, a publicação de seus artigos sobre a questão palestina é um complemento indispensável para que seu pensamento seja apreciado na sua globalidade, na sua articulação entre teoria e política. Esta coleção de artigos busca contribuir para preencher essa lacuna, na esperança de que possa entregar aos leitores um ponto de vista pouco presente na mídia – para quem os palestinos são identificados como "terroristas", expressão que nunca acompanha a referência ao Estado de Israel. Sua leitura faz justiça à obra de Edward Said e à luta dos palestinos por seu direito a um Estado – única via para a paz no Oriente Médio.

Emir Sader
dezembro de 2002

Parte I

Uma catástrofe intelectual

O estranho fascínio do Ocidente pelo Islã continua. Recentemente, V. S. Naipaul – autor originalmente de Trinidad, mas agora britânico – publicou um grosso volume sobre suas viagens por quatro países islâmicos – todos eles não árabes –, como uma continuação de um livro que escreveu sobre os mesmos quatro lugares há cerca de dezoito anos. O primeiro livro se chama *Among the Believers*: An Islamic Journey*; o novo, *Beyond Belief*: Islamic Excursions Among the Converted Peoples**. Nesse meio tempo, Naipaul se tornou Sir V. S. Naipaul, um escritor extremamente famoso, e, deve-se admitir, muito talentoso, que escreveu livros de ficção e não ficção (em sua maioria livros de viagem), que estabeleceram sua reputação como um dos escritores mais prestigiados, e, com justiça, uma das figuras mais conhecidas da literatura mundial da atualidade.

Em Paris, por exemplo, as elegantes vitrines das lojas de Sonia Rykiel, no Boulevard St. Germain, estão repletas de exemplares da tradução francesa de *Beyond Belief*, em meio a cachecóis, cintos e bolsas. Isso, é claro, é uma espécie de homenagem, mesmo que Naipaul talvez não tenha ficado muito satisfeito. Por outro lado, o livro foi resenhado por muitos órgãos influentes da imprensa inglesa e americana, que o elogiaram, afirmando que era obra de um grande mestre da observação aguda e dos detalhes reveladores, o tipo de *exposé* desmistificador e completo do Islã pelo qual os leitores ocidentais parecem ter um apetite infindável. Ninguém, na atualidade, escreveria um livro parecido sobre

---

* Ed. bras.: *Entre os fiéis*. São Paulo, Companhia das Letras, 1999.
** Ed. bras.: *Além da fé*. São Paulo, Companhia das Letras, 1999.

o cristianismo ou o judaísmo. O Islã, por outro lado, é alvo legítimo, mesmo que o *expert* não conheça as linguagens nem saiba muito sobre o tema.

O caso de Naipaul, contudo, é especial. Ele não é nem um orientalista profissional nem um caçador de emoções. É um homem do terceiro mundo, que envia informes sobre a região para um público de liberais ocidentais desencantados, que nunca se cansam de ouvir coisas ruins sobre todos os mitos do Terceiro Mundo– como movimentos de libertação nacional, objetivos revolucionários e os males do colonialismo –, os quais, na opinião de Naipaul, em nada ajudam a explicar o triste estado dos países da África e Ásia, que estão afundando na pobreza, impotência nativa e ideias ocidentais mal aprendidas e não absorvidas, como industrialização e modernização. Naipaul afirma, em um de seus livros, que essas são pessoas que sabem usar um telefone, mas não têm capacidade nem de consertar nem de inventar um aparelho como esse. Hoje, Naipaul pode ser citado como uma figura exemplar do terceiro mundo. Nascido em Trinidad, é originalmente de ascendência hindu; emigrou para a Grã-Bretanha nos anos 1950, tornou-se membro sênior do *establishment* britânico e é sempre mencionado como um candidato ao prêmio Nobel* – alguém em que se pode confiar que sempre dirá a verdade sobre o Terceiro Mundo. Naipaul está "livre de qualquer devaneio romântico sobre as reivindicações morais dos povos primitivos", disse um crítico em 1979, e ele faz isso sem "um traço sequer de condescendência ocidental ou nostalgia pelo colonialismo".

Ainda assim, para Naipaul, o Islã é pior que a maioria dos outros problemas do terceiro mundo. Refletindo suas origens hindus, recentemente afirmou que a pior calamidade na história indiana foi o advento e, mais tarde, a presença do Islã, que teria desfigurado a história do país. Ao contrário da maioria dos escritores, ele não faz uma, mas duas jornadas ao "Islã", para confirmar sua profunda antipatia pela religião, seu povo e suas ideias. Ironicamente, *Beyond Belief* é dedicado à sua esposa muçulmana Nadira, a cujas ideias ou sentimentos a obra não alude. No primeiro livro, ele não aprende nada: os muçulmanos lhe confirmam o que já sabe. Mas confirmam o quê? Que o recuo ao Islã é uma "estupefação". Na Malásia, perguntaram a Naipaul "qual é o propósito do que você escreve? É para contar às pessoas como são as coisas?" Ele responde: "Sim, eu diria que é a busca pelo entendimento".

---

* O autor britânico V. S. Naipaul, nascido em Trinidad, ganhou o Prêmio Nobel de Literatura em 2001 por sua "narrativa perceptiva" de viagens pela Índia, África, Irã e outros lugares do mundo. (N.T.)

"Não é por dinheiro?" "É. Mas a natureza do trabalho é importante." Assim, ele viaja entre os muçulmanos, escreve sobre isso e é bem pago por seu editor e pelas revistas que publicam extratos de seus livros, porque "isso é importante", e não "porque goste de fazê-lo". Os muçulmanos lhe fornecem histórias, as quais ele registra como casos do "Islã".

Há muito pouco prazer e somente um pouquinho de afeição registrados nessas duas obras. No livro mais antigo, os momentos engraçados são à custa dos muçulmanos, *wogs**, no final das contas, pelo menos na visão dos leitores britânicos e americanos de Naipaul: são fanáticos e terroristas em potencial, que não conseguem soletrar, ser coerentes nem soar corretos para um sofisticado cosmopolita, e até certo ponto embotado, juízo ocidental. Sempre que expõem suas fraquezas islâmicas, Naipaul, a testemunha do terceiro mundo, aparece prontamente. O lapso de um muçulmano ocorre, algum ressentimento contra o Ocidente é expressado por um iraniano, e então Naipaul explica que "esta é a confusão de um povo de cultura medieval despertando para o petróleo e para o dinheiro; um sentimento de poder e de violação, de percepção de uma nova grande civilização que o cerca (o Ocidente). Deveria ser rejeitada; ao mesmo tempo, depende-se dela".

Lembre-se dessa última frase, já que é a tese de Naipaul e a plataforma a partir da qual se dirige ao mundo: o Ocidente é o mundo do conhecimento, da crítica, do *know-how* técnico e de instituições que funcionam; o Islã é seu dependente, furioso e retardado, que está despertando para um poder novo e dificilmente controlável. O Ocidente oferece ao Islã as coisas boas de fora, porque "a vida que chegou ao Islã não veio de dentro". Assim, a existência de um bilhão de muçulmanos é resumida numa frase desconsiderada. O defeito do Islã está em "suas origens – um defeito que perpassa a história islâmica: para os assuntos políticos que levantava, o Islã não oferecia qualquer solução política ou prática. Só oferecia a fé. Só oferecia o profeta, que resolveria tudo – mas que havia deixado de existir. Esse Islã político era o ódio, a anarquia". Todos os exemplos que Naipaul oferece e todas as pessoas com quem ele fala tendem a se alinhar no confronto do Islã *versus* Ocidente, confronto este que ele está determinado a encontrar em toda a parte. É tudo muito cansativo e repetitivo.

---

* Gíria muito específica em inglês que tem diversas acepções. Neste caso, é um termo depreciativo para qualquer indivíduo que não seja branco, mais especificamente indianos ou paquistaneses. O termo é usado nos Estados Unidos e na Inglaterra, assim como em outros países de língua inglesa. (N.T.)

Por que, então, ele volta a escrever um livro igualmente longo e entediante duas décadas depois? A única resposta que posso dar é que ele agora pensa que tem uma nova e importante percepção sobre o Islã. E a percepção é que, se você não é árabe – o islamismo sendo uma religião dos árabes –, então você é um convertido. Como convertidos ao islamismo, os malaios, paquistaneses, iranianos e indonésios, necessariamente, sofrem o destino dos não autênticos. Para eles, o islamismo é uma religião adquirida, que os separa de suas verdadeiras tradições e os deixa no meio do caminho. O que Naipaul tenta documentar em seu novo livro é o destino dos convertidos, pessoas que perderam seu próprio passado, mas que ganharam pouco de sua nova religião, exceto mais confusão, mais infelicidade e, para o leitor ocidental, mais incompetência cômica – tudo isso resultado da conversão ao islamismo. Esse argumento ridículo sugeriria, por extensão, que apenas um nativo de Roma poderia ser um bom católico apostólico romano, enquanto outros católicos italianos, espanhóis, latino-americanos e filipinos, que são convertidos, não seriam autênticos e teriam sido separados de suas próprias tradições. De acordo com Naipaul, então, os anglicanos que não são britânicos também seriam apenas convertidos e, como os muçulmanos malaios e iranianos, estariam condenados a uma vida de imitação e incompetência.

Na prática, as quatrocentas páginas de *Beyond Belief* não se baseiam em nada mais que nessa teoria idiota e insultante. A questão não é se ela é verdadeira ou não, mas saber como pôde um homem com a inteligência e o talento de V. S. Naipaul escrever um livro tão estúpido e entediante como este, repleto de casos que ilustram a mesma tese primitiva, rudimentar, insatisfatória e reducionista de que a maioria dos muçulmanos são convertidos e devem sofrer o mesmo destino em qualquer lugar que estiverem. Esqueçam a história, a política, a filosofia, a geografia: os muçulmanos que não são árabes são convertidos, não são autênticos e estão fadados a esse destino desgraçado e falso. Em algum lugar do percurso, em minha opinião, o próprio Naipaul sofreu um grave acidente intelectual. Sua obsessão pelo Islã fez com que, de algum modo, parasse de pensar, para se tornar, em vez disso, uma espécie de suicida mental, obrigado a repetir a mesma fórmula indefinidamente. Isso é o que eu chamaria de uma catástrofe intelectual de primeira.

O mais lamentável de tudo isso é que muito se perdeu em Naipaul. Seu estilo se tornou repetitivo e desinteressante. Seus talentos foram desperdiçados. Ele não pode mais fazer sentido. Vive de sua grande reputação, que iludiu seus leitores a pensar que ainda estão lidando com um grande escritor, enquanto na verdade ele se transformou em um fantasma. O mais lamentável de tudo é que o último livro de Naipaul sobre o Islã será considerado uma importante interpretação de uma grande religião e mais muçulmanos vão sofrer e ser insultados. E a distância entre eles e o Ocidente irá aumentar e se aprofundar. Ninguém se beneficiará disso, exceto os editores, que provavelmente venderão muitos livros, e o próprio Naipaul, que ganhará muito dinheiro.

Publicado originalmente em *Al-Ahram*, n. 389, de 6 a 12 de agosto de 1998.

Meu encontro com Sartre

Outrora o mais festejado intelectual do mundo, Jean-Paul Sartre tinha, até bem pouco tempo atrás, quase desaparecido de vista. Ele já estava sendo atacado por sua "cegueira" sobre os *gulags* soviéticos pouco depois de sua morte em 1980, e até mesmo seu existencialismo humanista foi ridicularizado por seu otimismo, voluntarismo e puro alcance energético. Toda a carreira de Sartre foi ofensiva, tanto para os chamados Nouveaux Philosophes, cujas medíocres realizações tinham apenas um fervoroso anticomunismo para atrair alguma atenção, como para os pós-estruturalistas e pós-modernistas, que, com poucas exceções, tinham caído num taciturno narcisismo tecnológico, profundamente antagônico ao populismo da obra de Sartre e sua heroica atividade política. A imensa abrangência da obra de Sartre como romancista, ensaísta, dramaturgo, biógrafo, filósofo, intelectual político, ativista engajado, parecia mais repelir as pessoas do que atraí-las. Do mais citado dos *maîtres penseurs* franceses, ele se tornou, transcorridos cerca de vinte anos, no menos lido e menos analisado dentre eles. Suas posições corajosas sobre a Argélia e o Vietnã foram esquecidas. A mesma coisa ocorreu com seu trabalho em favor dos oprimidos, sua aparição corajosa como maoista radical durante as demonstrações estudantis de 1968 em Paris e sua extraordinária abrangência e qualidade literária (pelas quais ganhou, e rejeitou, o Prêmio Nobel de Literatura). Ele se tornou uma ex-celebridade caluniada, exceto no mundo anglo-americano, no qual nunca foi levado a sério como filósofo e sempre foi lido de maneira condescendente como um curioso memorialista e romancista ocasional, insuficientemente anticomunista, não tão chique e convincente como (o muito menos talentoso) Camus.

Então, como acontece com muitas coisas francesas, a moda começou a mudar, ou assim parecia a distância. Vários livros sobre ele apareceram, e novamente ele se tornou (talvez apenas por um momento) assunto de conversas, se não propriamente de estudo e reflexão. Para minha geração, ele foi sempre um dos grandes heróis intelectuais do século XX, um homem cuja percepção e talentos intelectuais estiveram a serviço de quase todas as causas progressistas de nosso tempo. Ainda assim, ele não parecia nem infalível nem profético. Pelo contrário, admirava-se Sartre pelo esforço que fazia para compreender situações e, quando necessário, oferecer solidariedade a causas políticas. Nunca era condescendente ou evasivo, ainda que fosse propenso ao erro e ao exagero. Quase tudo o que escreveu é interessante por sua pura audácia, sua liberdade (mesmo sua liberdade de ser verborrágico) e sua generosidade de espírito.

Há uma óbvia exceção, que eu gostaria de descrever aqui. Estou impelido a fazê-lo por duas fascinantes, embora desanimadoras, discussões, sobre sua visita ao Egito, no começo de 1967, que foram publicadas mês passado no *Al-Ahram Weekly*. Uma delas apareceu em uma resenha do recente livro de Bernard-Henry Lévy sobre Sartre; a outra foi uma resenha do relato do saudoso Lotfi al-Kholi sobre aquela visita (al-Kholi, um intelectual de primeira linha, foi um dos anfitriões egípcios de Sartre). Minha própria experiência, um tanto triste, com Sartre foi um episódio bastante menor numa vida grandiosa; mas vale a pena lembrá-la por suas ironias e por sua pungência.

Era o começo de janeiro de 1979, e eu estava em casa em Nova York, me preparando para uma de minhas aulas. Ouvi a campainha, que anunciava a entrega de um telegrama. Quando abri o envelope, vi, com interesse, que vinha de Paris: "Você está convidado pela *Les Temps Modernes* a participar de um seminário sobre a paz no Oriente Médio, em Paris, nos dias 13 e 14 de março deste ano. Por favor, responda. Simone de Beauvoir e Jean-Paul Sartre". Primeiro, achei que o telegrama devia ser algum tipo de piada. Poderia ser tanto um convite de Cosima e Richard Wagner para ir a Beirute, como de T. S. Elliot e Virginia Woolf para passar uma tarde nos escritórios do *Dial*. Precisei de dois dias para me assegurar com vários amigos de Nova York e Paris que, de fato, era verdadeiro, e muito menos tempo que isso para enviar minha aceitação incondicional (isso depois de saber que "les modalités", o eufemismo francês para gastos com viagem, deveriam ser arcados pela *Les Temps Modernes*, revista mensal criada por Sartre depois da guerra). Algumas semanas depois parti para Paris.

Les Temps Modernes tinha desempenhado um papel extraordinário na vida intelectual francesa, e depois europeia, e mesmo do Terceiro Mundo. Sartre reuniu em torno de si um extraordinário conjunto de cérebros – nem todos de acordo com ele –, que naturalmente incluíam Beauvoir, seu grande oposto, Raymond Aron, o eminente filósofo e colega de classe da École Normale, Maurice Merleau-Ponty (que deixou a revista alguns anos depois) e Michel Leiris, etnógrafo, africanista e teórico de touradas. Não havia uma grande questão sequer que Sartre e seu círculo não discutissem, incluindo a guerra árabe-israelense de 1967, que resultou numa edição monumentalmente grande de *Les Temps Modernes* – por sua vez objeto de um ensaio brilhante escrito por I. F. Stone. Isso por si só deu à minha viagem a Paris um precedente notável.

Quando cheguei, encontrei uma curta e misteriosa carta de Sartre e Beauvoir esperando por mim no hotel que eu havia reservado no Bairro Latino: "Por motivos de segurança", dizia a mensagem, "as reuniões serão na casa de Michel Foucault". O endereço me foi devidamente fornecido, e às dez da manhã do dia seguinte cheguei ao apartamento de Foucault, onde encontrei um certo número de pessoas – mas não Sartre – fazendo hora. Ninguém nunca me explicou os misteriosos "motivos de segurança" que forçaram a mudança de local, embora houvesse, como resultado disso, toda uma atmosfera conspiratória em relação aos trabalhos. Beauvoir já estava lá, usando seu famoso turbante, monologando para qualquer um que quisesse ouvi-la sobre sua futura viagem a Teerã com Kate Millett, onde as duas tinham a intenção de protestar contra o xador; essa ideia me pareceu condescendente e boba e, embora estivesse ansioso para ouvir o que Beauvoir tinha a dizer, também me dei conta de que era bastante vaidosa e que não valia a pena discutir com ela naquele momento. Além disso, ela saiu mais ou menos uma hora depois (pouco antes da chegada de Sartre) e não foi mais vista.

Foucault rapidamente deixou claro para mim que não tinha nada a contribuir com o seminário e que ia direto para sua pesquisa diária na Bibliothèque Nationale. Fiquei contente em ver meu livro *Beginnings* (Princípios) em uma de suas prateleiras, que estavam repletas de uma grande quantidade de material cuidadosamente arrumado, na qual se incluíam jornais e revistas. Apesar de conversarmos amigavelmente, só muito tempo depois (na prática quase uma década após sua morte em 1984) me dei conta por que ele não tinha nenhuma vontade de comentar comigo o que quer que fosse sobre a política do Oriente Médio. Em suas biografias, tanto Didier Eribon quanto James Miller revelam que em 1967 ele deu aulas na Tunísia e deixou o país com alguma pressa, pouco depois da guerra de junho. Foucault disse, na ocasião, que a razão pela qual havia partido foi seu horror aos distúrbios "antissemitas" e anti-Israel na época, comuns em todas cidades árabes depois da grande derrota árabe. Uma colega tunisiana sua, do Departamento de Filosofia da Universidade de Túnis, me contou uma história diferente, no começo dos anos 1990: Foucault, disse ela, foi deportado por causa de suas atividades homossexuais com estudantes jovens. Ainda não sei qual versão é a correta. Na época do seminário de Paris, ele me disse que havia acabado de retornar de uma estada no Irã como enviado especial do *Corriere della Sera*. "Muito excitante, muito estranho, louco", me lembro de ouvi-lo falar sobre aqueles primeiros dias da Revolução Islâmica. Acho (talvez erroneamente) que o ouvi dizer que em Teerã havia se disfarçado com uma peruca. Pouco tempo depois de seus artigos sobre o tema serem publicados, ele rapidamente se distanciou de tudo que fosse iraniano. Finalmente, no final dos anos 1980, Gilles Deleuze me contou que ele e Foucault, outrora amigos íntimos, haviam se afastado por discordar da questão da Palestina, já que Foucault expressava apoio a Israel e Deleuze, aos palestinos.

O apartamento de Foucault, apesar de grande e muito confortável, era completamente branco e austero, bem adequado ao filósofo solitário e pensador rigoroso que parecia habitá-lo sozinho. Alguns palestinos e judeus israelenses estavam lá. Entre eles, reconheci apenas Ibrahim Dakkak, que desde então se tornou um bom amigo de Jerusalém; Nafez Nazzal, professor em Bir Zeit que conheci superficialmente nos Estados Unidos; e Yehoshofat Harkabi, o principal perito israelense na "mente árabe", ex-chefe da inteligência militar israelense, demitido por Golda Meir por erroneamente ter colocado o exército em estado de alerta. Três anos antes, nós dois havíamos sido bolsistas no Stanford Center for Advanced Study in the Behavioral Sciences*, mas não tivemos um grande relacionamento. Nosso contato foi sempre educado, mas longe de ser cordial. Em Paris, ele estava no processo de mudar de posição, para se tornar o principal pacifista do *establishment* de Israel, um homem que em breve iria falar abertamente sobre a necessidade de um Estado palestino, algo que considerava ser uma vantagem estratégica do ponto de vista de Israel. Os outros participantes eram em sua maioria judeus israelenses ou franceses, dos mais religiosos aos mais seculares, embora todos fossem pró-sionistas de uma forma ou de outra. Um deles, Eli Ben Gal, parecia ter uma longa familiaridade com Sartre: nos disseram depois que ele havia sido o guia de Sartre numa viagem recente a Israel.

Quando o grande homem finalmente apareceu, muito tempo depois da hora marcada, fiquei chocado com sua aparência envelhecida e frágil. Lembro-me de que, de forma um tanto desnecessária e idiota, apresentei Foucault a ele e também me recordo que Sartre estava constantemente cercado, apoiado, estimulado por um pequeno séquito de pessoas, das quais era totalmente dependente. Elas, por sua vez, o haviam tornado o principal negócio de suas vidas. Uma delas, sua filha adotiva, era também, como mais tarde fiquei sabendo, sua agente literária; fui informado que era de origem argelina. Outra, Pierre Victor, um ex-maoísta e coeditor, juntamente com Sartre, do agora extinto Gauche Proletárienne, que havia se tornado profundamente religioso e, suponho, um

---

* Centro para Estudos Avançados em Ciências do Comportamento de Stanford. (N.T.)

judeu ortodoxo; me impressionou descobrir mais tarde, por intermédio de um dos assistentes da revista, que ele era um judeu egípcio chamado Benny Lévy, irmão de Adel Ref'at (*né* Lévy), um dos chamados Mahmoud Hussein par (o outro sendo um muçulmano egípcio: os dois homens trabalhavam na Unesco quando "Mahmoud Hussein" escreveu *La lutte des classes en Egypte* (A luta de classes no Egito), um conhecido estudo publicado pela Maspero). Não parecia haver nada egípcio em Victor: ele dava a impressão de ser um intelectual da *Rive Gauche*, meio pensador, meio cafetão. A terceira pessoa, Hélène Von Bulow, uma mulher trilíngue que trabalhava na revista e traduzia tudo para Sartre. Apesar de ter passado um tempo na Alemanha e ter escrito não apenas sobre Heidegger, mas também sobre Faulkner e Dos Passos, Sartre não falava nem alemão nem inglês. Uma mulher cordial e elegante, Von Bulow permaneceu ao lado de Sartre os dois dias do seminário, sussurrando traduções simultâneas em seu ouvido. Exceto por um palestino de Viena que falou apenas árabe e alemão, nossa discussão foi em inglês. O quanto Sartre realmente entendeu eu talvez nunca venha a saber, mas foi (para mim e para outros) profundamente desconcertante que ele tenha permanecido em silêncio ao longo dos trabalhos do primeiro dia. Michel Contat, o bibliógrafo de Sartre, também estava lá, mas não participou.

No que pensei ser o estilo francês, o almoço – que em circunstâncias normais demoraria mais ou menos uma hora – foi algo muito elaborado, que ocorreu num restaurante a alguma distância; e, como chovia sem parar, transportar todos em táxis, fazê-los comer uma refeição de quatro pratos e depois trazer todo o grupo de volta demorou três horas e meia. Assim, no primeiro dia, nossas discussões sobre a "paz" duraram relativamente pouco. Os temas eram colocados em pauta por Victor, sem consultar ninguém, até onde pude perceber. No começo, senti que ele era a própria lei, sem dúvida, graças a sua relação privilegiada com Sartre (com quem ele ocasionalmente trocava sussurros), e ao que parecia ser uma enorme autoconfiança. Nós deveríamos discutir: 1) o valor do tratado de paz entre Egito e Israel (esta era a época de Camp David); 2) a paz entre Israel e o mundo árabe em geral; e 3) a questão muito mais fundamental da futura coexistência entre Israel e o mundo árabe a sua volta. Nenhum dos árabes parecia contente com isso. Senti que a agenda passava por cima da questão palestina. Dakkak sentiu-se desconfortável com todo o esquema e foi embora depois do primeiro dia.

À medida que aquele dia passava, aos poucos me dei conta de que muitas negociações haviam ocorrido anteriormente para a realização do seminário, e que a participação em favor do mundo árabe no evento havia sido comprometida, e portanto reduzida, por todas as transações e negociações prévias. De certa forma, fiquei desgostoso por não ter sido incluído em nada disso. Talvez eu tivesse sido ingênuo demais – ansioso demais para vir a Paris encontrar Sartre, pensei. Ouvi dizer que Emmanuel Levinas estaria lá, mas, assim como os intelectuais egípcios que os organizadores haviam prometido trazer ao encontro e que nunca chegaram, ele também não apareceu. Enquanto isso, todas as nossas discussões estavam sendo gravadas e foram publicadas depois numa edição especial da *Les Temps Modernes* (setembro de 1979), que achei bastante insatisfatória. Estávamos cobrindo um terreno mais ou menos familiar e não havia nenhuma concordância real.

Beauvoir tinha sido uma grande decepção, saindo bruscamente da sala envolta numa nuvem de baboseiras opiniáticas sobre o islamismo e o uso de véus pelas mulheres. Na época, não me importei com sua ausência; mais tarde, me convenci de que ela teria animado a discussão. A presença de Sartre – o que havia dela – foi estranhamente passiva, não impressionante, estéril. Ele não disse absolutamente nada por horas a fio. No almoço, se sentou a minha frente, com olhar desconsolado, e permaneceu totalmente calado, ovos e maionese escorrendo tristemente de sua boca. Tentei puxar conversa com ele mas foi inútil. Talvez estivesse surdo, mas não tenho certeza. De qualquer forma, ele me parecia uma aparição assombrada de seu "eu" anterior, sua feiura proverbial, seu cachimbo e suas indescritíveis roupas penduradas no corpo, como o cenário de um palco sem atores. Eu era muito ativo na política palestina naquela época: em 1977, havia me tornado membro do Conselho Nacional; em minhas frequentes visitas a Beirute (isso durante a guerra civil libanesa) para ver minha mãe, regularmente estava com Arafat e a maioria dos outros líderes da época. Achava que seria uma grande realização persuadir Sartre a fazer uma declaração pró-palestina naquele momento "quente" de nossa rivalidade mortal com Israel.

Ao longo do almoço e da sessão da tarde, eu estava ciente de que Pierre Victor era um tipo de chefe de estação do seminário, entre cujos trens estava o próprio Sartre. Além dos sussurros misteriosos à mesa, ele e Victor de tempos em tempos se levantavam; Victor afastava-se com o velho arrastando os pés, falava rapidamente com ele e, depois de um ou dois acenos de cabeça, regressavam. Enquanto isso, cada membro do seminário queria tomar a palavra, tornando impossível desenvolver qualquer argumento, embora logo tenha ficado claro que o melhoramento de Israel (o que hoje é chamado de "normalização") era o verdadeiro assunto do encontro, e não os árabes ou os palestinos. Vários árabes antes de mim haviam passado um tempo tentando convencer algum intelectual imensamente importante sobre a justiça de sua causa, na esperança de que este se tornasse outro Arnold Toynbee ou Sean McBride. Isso aconteceu com poucas dessas grandes eminências. Sartre me pareceu valer o esforço, simplesmente porque eu não podia esquecer sua posição sobre a Argélia, que, para um francês, devia ter sido mais difícil que uma posição crítica a Israel. Eu estava errado, é claro.

À medida que as discussões túrgidas e improdutivas prosseguiam, me dei conta de que ficava lembrando a mim mesmo de que havia ido à França para ouvir o que Sartre tinha a dizer, e não para ouvir pessoas cujas opiniões já conhecia e não achava especialmente emocionantes. Assim, interrompi descaradamente a discussão no começo da noite e insisti que ouvíssemos Sartre. Isso causou uma consternação no séquito. O seminário foi suspenso, enquanto se realizavam consultas urgentes entre os participantes. Achei tudo aquilo cômico e patético ao mesmo tempo, especialmente pelo fato de o próprio Sartre aparentemente não ter qualquer participação nessas deliberações. Por fim, fomos chamados de volta à mesa pelo visivelmente irritado Pierre Victor, que anunciou com a portentosidade de um senador romano: "Demain Sartre parlera". E então nos retiramos em grande expectativa pelos trabalhos da manhã seguinte.

Efetivamente, Sartre tinha algo a nos dizer: um texto de mais ou menos duas páginas datilografadas, preparado anteriormente, que – eu escrevo inteiramente com base em uma lembrança de um momento de vinte anos atrás – exaltava a coragem de Anwar Sadat nas platitudes mais banais que se possam imaginar. Não consigo me lembrar se muitas palavras foram ditas sobre os palestinos, seu território ou seu passado trágico. Com certeza, nenhuma referência foi feita aos assentamentos colonialistas israelenses, uma política similar, em muitos sentidos, à prática francesa na Argélia. Foi tão informativo quanto um comunicado da Reuters, obviamente escrito pelo egrégio Victor, que parecia estar no comando, para tirar Sartre, a quem parecia dominar totalmente, do aperto. Fiquei arrasado ao descobrir que aquele herói intelectual havia sucumbido em sua velhice a um mentor tão reacionário e que, em relação à questão da Palestina, o antigo defensor dos oprimidos não tinha nada a oferecer além de um elogio extremamente convencional e jornalístico a um líder *egípcio* já bastante festejado. Pelo resto do dia, Sartre retomou seu silêncio e os trabalhos prosseguiram como antes. Lembro-me de uma história apócrifa segundo a qual, vinte anos antes, Sartre tinha viajado a Roma para se encontrar com Fanon (então morrendo de leucemia) e discorreu interminavelmente sobre os dramas da Argélia por (dizia-se) dezesseis horas seguidas, até que Simone fez com que desistisse. *Aquele* Sartre estava perdido para sempre.

Quando a transcrição do seminário foi publicada alguns meses depois, a intervenção de Sartre foi editada e tornada ainda mais inócua. Não posso imaginar por quê; nem tentei descobrir. Mesmo que eu ainda tenha a edição da *Les Temps Modernes* na qual nós todos aparecemos, não seria capaz de me forçar a reler mais que alguns poucos extratos, tão banais e insossas suas páginas me parecem. Portanto, fui a Paris para ouvir Sartre no mesmo espírito que Sartre foi convidado a ir ao Egito, para ser visto e conversar com intelectuais árabes – com exatamente os mesmos resultados, apesar de meu próprio encontro ter sido desvirtuado, para não dizer manchado, pela presença de um intermediário repulsivo, Pierre Victor, que desde então desapareceu numa merecida obscuridade. Sentia-me, pensava então, como Fabrice procurando a Batalha de Waterloo – malsucedido e desapontado.

Mais um ponto. Algumas semanas atrás, calhou de eu assistir parte do Bouillon de Culture, o programa de discussões semanal de Bernard Pivot, transmitido pela TV francesa e retransmitido nos Estados Unidos pouco tempo depois. O programa era sobre a lenta reabilitação póstuma de Sartre diante da contínua crítica a seus pecados políticos. Bernard-Henry Lévy, que em qualidade de pensamento e coragem política não pode ser mais diferente de Sartre, estava lá para promover seu estudo favorável ao filósofo no final de sua vida (confesso que não li, e não planejo fazê-lo tão cedo). "Ele não era tão ruim realmente", disse com ar superior B-HL; "havia aspectos nele, afinal de contas, que eram consistentemente admiráveis e politicamente corretos". B-HL tencionava com isso equilibrar o que considerava uma crítica bem fundamentada a Sartre (transformada em nauseante mantra escrito por Paul Johnson) por ter sempre se equivocado em relação ao comunismo. "Por exemplo", B-HL declamou, "o histórico de Sartre sobre Israel era perfeito: ele nunca se desviou e permaneceu um defensor absoluto do Estado judeu".

Por motivos que nós ainda não sabemos com certeza, Sartre de fato permaneceu constante em seu pró-sionismo fundamental. Se isso era porque tinha medo de parecer antissemita, ou porque se sentia culpado em relação ao Holocausto, ou porque nunca se dedicou a uma consideração profunda sobre os palestinos como vítimas e combatentes contra a injustiça de Israel, ou por alguma outra razão nunca saberei. Tudo que sei é que, na velhice avançada, ele se parecia bastante consigo mesmo quando um pouco mais jovem: uma amarga decepção para cada árabe (não argelino) que o admirava. Certamente Bertrand Russell era melhor que Sartre, e em seus últimos anos (apesar de ser orientado e, diriam alguns, totalmente manipulado pelo meu ex-colega de classe de Princeton e ex-amigo, Ralph Schoenman) na prática tomou posições críticas às políticas de Israel em relação aos árabes. Creio que precisamos entender por que na velhice grandes homens são passíveis de sucumbir tanto aos embustes dos mais jovens como aos grilhões de uma convicção política imutável. É um pensamento desalentador, mas é o que aconteceu com Sartre. Com exceção da Argélia, a justiça da causa árabe simplesmente não o podia impressionar, e se era inteiramente por causa de Israel ou por uma falta básica de simpatia – cultural ou talvez religiosa –, não sou capaz de dizer. Nisso ele era bem diferente de seu amigo e ídolo Jean Genet, que celebrou sua estranha paixão pelos palestinos numa extensa estada com eles e por escrever os extraordinários *Quatre heures à Sabra et Chatila* (Quatro horas em Sabra e Chatila) e *Un captif amoureux* (Um cativo apaixonado).

Um ano depois de nosso breve e decepcionante encontro de Paris, Sartre morreu. Eu vividamente me lembro como chorei sua perda.

Publicado originalmente em *London Review of Books*, vol. 22, n. 11, de 1º de junho de 2000.

O PAPEL PÚBLICO DE ESCRITORES E INTELECTUAIS

No uso cotidiano de idiomas e culturas com os quais estou familiarizado, o escritor é uma pessoa que produz literatura – isto é, um poeta, romancista ou dramaturgo. Acredito que, de modo geral, é verdadeiro que em todas as culturas os escritores tenham um lugar separado, talvez até mesmo mais honroso, do que os intelectuais; a aura de criatividade e uma quase sublime capacidade pela originalidade (muitas vezes profética em escopo e qualidade) é prerrogativa dos escritores, de uma forma que não se aplica, em absoluto, aos intelectuais, os quais, com relação à literatura, pertencem à classe levemente desprezível e parasítica dos críticos. Entretanto, no início do século XXI, o escritor segue assumindo cada vez mais atributos oposicionistas em atividades como a de dizer a verdade diante do poder, ser testemunha de perseguição e sofrimento, além daquele de dar voz à oposição em disputas contra a autoridade. Sinais da mescla de um ao outro teriam de incluir o caso Salmon Rushdie, em todas as suas ramificações; a formação de numerosos parlamentos e congressos de escritores, que se dedicam a assuntos como a intolerância, o diálogo entre culturas, a disputa civil (como na Bósnia e na Argélia), liberdade de expressão e censura, verdade e reconciliação (como na África do Sul, Argentina, Irlanda e em outros lugares); no papel simbólico especial do escritor como um intelectual que testemunha a experiência de um país ou de uma região, dando a essa experiência, portanto, uma identidade inscrita para sempre na agenda discursiva global.

A maneira mais fácil de demonstrar isso é listando os nomes de alguns (mas de forma alguma todos) dos recentes vencedores do Prêmio Nobel e então permitir que cada nome nos remeta a uma região que tenha se tornado emblemática, que, por sua vez, possa ser vista como uma espécie de plataforma ou ponto de partida para atividades subsequentes daquele autor, tais como intervenções em debates que se dão muito longe do mundo da literatura. É o caso de Nadine

Gordimer, Kenzaburo Oe, Derek Walcott, Wole Soyinka, Gabriel García Márquez, Octavio Paz, Elie Wiesel, Bertrand Russell, Günter Grass, Rigoberta Menchú, entre muitos outros.

No entanto, é verdade também, como mostrou Pascale Casanova em seu livro sinóptico *La republique mondiale des lettres**, que se criou um sistema global de literatura que hoje se encontra consolidado, completamente organizado, com sua nova ordem literária, ritmo de andamento, dogmas, internacionalismos e valores de mercado. A eficiência do sistema está no fato de ele ter gerado escritores do tipo que ela discute, que pertencem a categorias tão diversas como assimilados, dissidentes e figuras traduzidas – os quais são tanto individualizados quanto classificados, no que ela demonstra ser um sistema eficiente, globalizado e praticamente um sistema de mercado. O argumento dela é que esse sistema poderosamente prevalecente pode chegar a estimular uma espécie de independência de si próprio, como nos casos de Joyce e Beckett, escritores cuja linguagem e ortografia não se submetem às leis do Estado ou do sistema.

Quem deverá revelar e elucidar as disputas, desafiar e ter esperança de vencer o silêncio imposto e a quietude conformada do poder?

Por mais que eu a admire, entretanto, visto como um todo, o livro de Casanova é contraditório. Ela parece estar dizendo que a literatura, como sistema globalizado, tem em si uma espécie de autonomia essencial que a coloca, em grande medida, além das grandes realidades das instituições e dos discursos políticos, uma ideia que tem certa admissibilidade teórica quando ela a coloca na forma de "un espace littéraire internationale", com suas próprias regras de interpretação, sua própria dialética de trabalho e organização, seus próprios problemas de nacionalismo e línguas nacionais. Porém, Casanova não vai tão longe quanto Adorno ao dizer, como eu também o faria, que uma das marcas que distinguem a modernidade está em como, num nível profundo, a estética e o social devem ser mantidos num estado de tensão irreconciliável. Ela também não se dedica suficientemente à discussão das maneiras pelas quais o literário, ou o escritor, ainda está implicado – de fato, frequentemente mobilizado para ser usado – nas grandes disputas culturais da era pós-Guerra Fria nessa configuração política alterada do mundo.

Visto dessa perspectiva, por exemplo, o debate a respeito de Salmon Rushdie nunca foi de fato a respeito dos atributos literários do livro *Satanic Verses***, mas, ao contrário, a respeito de se era possível haver um tratamento literário de um

---

* Ed. bras.: *A república mundial das letras*. São Paulo, Estação Liberdade, 2002.
** Ed. bras.: *Os versos satânicos*. São Paulo, Companhia das Letras, 1998.

assunto religioso que não tocasse também as paixões religiosas de forma muito, aliás, de forma exacerbadamente, pública. Não achei que houvesse tal possibilidade, uma vez que, desde o exato momento em que o Aiatolá Khomeini divulgou ao mundo o *fatwa*, o romance, seu autor e seus leitores, foram todos depositados num ambiente que não deixava espaço algum para qualquer debate intelectual que não o de temas sócio-religiosos tais como a dissensão secular e os mandados de assassinato extraterritoriais. Até mesmo afirmar que a liberdade de expressão de Rushdie como romancista não poderia ser censurada ou limitada – como dissemos muitos de nós do mundo islâmico – era na realidade debater o tema da liberdade literária de escrever dentro de um discurso que já tomou conta e ocupou completamente (no sentido geográfico) a essência separada da literatura.

Nesse contexto mais amplo, a distinção básica entre escritores e intelectuais não precisa ser feita. Na medida em que ambos atuam na nova esfera pública dominada pela globalização (e que se presume que exista, mesmo pelos que apoiam a *fatwa* de Khomeini), seu papel público como escritores e intelectuais pode ser discutido e analisado em conjunto. Outra maneira de expressá-lo é dizer que nós devemos nos concentrar naquilo que escritores e intelectuais têm em comum quando intervêm na esfera pública.

Primeiro, precisamos tomar nota das características técnicas da intervenção intelectual hoje. Para se ter uma imagem dramaticamente clara da velocidade com a qual a comunicação se acelerou nas últimas décadas, eu gostaria de contrastar a visão que Jonathan Swift tinha da intervenção pública proveitosa no século XVIII, com a nossa. Swift certamente foi o mais devastadoramente profícuo panfleteiro de seu tempo, e, durante sua campanha contra o duque de Marlborough em 1711-1712, conseguiu colocar nas ruas onze mil cópias de seu panfleto *The Conduct of the Allies* (A conduta dos aliados) durante dois meses. Este provocou o decesso do general, o Duque, de sua alta eminência, mas, mesmo assim, não mudou a impressão pessimista de Swift – que data de *A Tale of a Tub and other works* (A história de um tonel e outros escritos), 1704 –, segundo a qual aquilo que ele escrevia era basicamente temporário, valia apenas pelo curto período de tempo em que circulava. Ele tinha em mente, é claro, a briga corrente entre antigos e modernos, em que veneráveis escritores como Homero e Horácio se encontravam em posição de vantagem sobre figuras modernas como Dryden, graças à sua idade e à autenticidade de suas visões de grande longevidade, até mesmo permanência.

Mesmo na era da mídia eletrônica, tais considerações são, em sua maior parte, irrelevantes, já que qualquer um que tenha um computador e acesso decente à Internet é capaz de alcançar números muitíssimo maiores de pessoas do que Swift e também pode ter esperança da preservação daquilo que foi escrito, numa medida que está além do concebível. Hoje, a ideia que fazemos de discursos e arquivos precisa ser radicalmente modificada e não pode mais ser definida da forma pela qual Foucault tão minuciosamente tentou descrevê-los apenas duas décadas atrás. Mesmo quando se escreve para um jornal ou revista, as chances de reprodução digital e (ao menos conceitualmente) de um tempo ilimitado de preservação desordenaram radicalmente a ideia de um público real em oposição a um público virtual. Essas coisas certamente limitaram os poderes que os regimes têm de censurar ou proibir a expressão escrita de ideias que consideram perigosas, apesar de haver métodos razoavelmente toscos para impedir ou limitar a função libertadora de imprensa *on-line*. Até bem recentemente a Arábia Saudita e a Síria, por exemplo, proibiram com sucesso o acesso à Internet e até a TV por satélite. Esses países hoje toleram o acesso, embora limitado, à Internet, mas ambos instauraram processos de interdição sofisticados que são também, a longo prazo, proibitivamente caros, para conseguirem manter o controle sobre sua utilização.

A paz não poderá existir sem a igualdade: este é um valor intelectual que necessita desesperadamente de reforço e reiteração.

Da forma que se encontra a mídia hoje, um artigo que eu poderia escrever em Nova York para um jornal britânico tem boa chance de reaparecer em *sites* da rede ou via *e-mail* em monitores nos Estados Unidos, no Japão, no Paquistão, no Oriente Médio e na África do Sul, além de na Austrália. Autores e editoras têm muito pouco controle sobre aquilo que é reimpresso e circulado. Eu sou constantemente surpreendido (eu não sei se fico irritado ou lisonjeado) quando vejo que algo que escrevi ou disse aparece, quase que sem demora, do outro lado do mundo. Para quem então devemos escrever se é difícil saber especificar o público com alguma precisão? A maioria das pessoas, penso eu, se foca no meio específico que encomendou o texto ou então nos leitores (presumidos) a quem gostaria de se dirigir. A ideia de comunidade imaginada repentinamente adquiriu uma dimensão muito literal, apesar de virtual. Com certeza, como foi a minha experiência quando, dez anos atrás, comecei a escrever para uma publicação árabe, voltada a um público árabe, o escritor tenta criar, formar e se referir a uma comunidade. Isso requer muito mais hoje do que no tempo em que Swift pôde presumir, muito naturalmente, que a personagem a quem ele chamava de "Church of England man" era de fato o seu público real, muito estável e pequeno.

Todos nós devemos, portanto, operar hoje com alguma noção de provavelmente atingirmos um público muito maior do que se poderia sequer conceber uma década atrás, apesar de as chances de reter esse público serem, pelo mesmo motivo, bastante pequenas. Esta não é uma mera questão de otimismo da força de vontade: está na própria natureza do escrever hoje. Isso faz com que seja muito difícil para os escritores presumirem qualquer preceito comum entre eles e seu público, ou presumirem que referências e alusões serão imediatamente compreendidas. Mas escrever neste espaço expandido tem, sim, uma outra e inusitadamente arriscada consequência: ser incentivado a dizer coisas que são ou completamente opacas ou completamente transparentes (e se temos qualquer consciência do intelectual ou vocação política, deverá ser, é claro, o segundo caso e não o primeiro).

De um lado, uma meia dúzia de enormes multinacionais presididas por um punhado de homens controlam a maior parte do suprimento mundial de imagens e notícias. Em contrapartida, há os intelectuais independentes que de fato formam uma comunidade incipiente, fisicamente separados uns dos outros, mas conectados de várias formas a comunidades de ativistas relegados pela mídia principal, mas que têm a seu dispor outras formas daquilo que Swift sarcasticamente chamava de "máquinas de oratória". Pense a respeito da impressionante gama de oportunidades oferecidas pela plataforma de palestras, o panfleto, o rádio, as revistas alternativas, o formato de entrevistas, o comício, o púlpito de igreja e a Internet para mencionar apenas alguns. É verdade que seja uma desvantagem considerável entender que dificilmente você será convidado para participar do PBS Newshour ou o ABC Nightline, ou, se você for de fato chamado, que apenas um isolado e fugaz minuto lhe será oferecido. Mas, então, outras ocasiões apresentar-se-ão, não no formato do *soundbite*, mas em períodos de tempo mais extensos.

Portanto, a rapidez é uma faca de dois gumes. Existe a rapidez do estilo redutor que cria uma *sloganização*, que é a principal característica do discurso de especialistas – direto ao ponto, rápido, baseado em fórmulas, de aparência pragmática –, e há a rapidez de resposta e formato expansível que intelectuais e muitos cidadãos poderão explorar de forma a apresentar uma expressão mais completa de um ponto de vista alternativo. O que estou sugerindo é que, ao aproveitar aquilo que se oferece, na forma de numerosas plataformas (ou palcos itinerantes – outra expressão de Swift), a disposição criativa e alerta do intelectual de explorá-las (isto é, plataformas que ou não estão disponíveis, ou são relegadas pela personalidade de TV, especialista ou candidato político) cria a possibilidade de se iniciar uma discussão mais ampla.

Esse potencial emancipador – e as ameaças que sofre –, nessa nova situação, não deve ser subestimado. Deixe-me dar um exemplo muito forte daquilo que quero dizer. Há cerca de quatro milhões de refugiados palestinos dispersos por todo o mundo, dos quais um número significativo vive em campos de refugiados no Líbano (onde em 1982 ocorreram os massacres de Sabra e Chatila), na Jordânia, na Síria, em Gaza e na Cisjordânia. Em 1999, um grupo empreendedor de refugiados, jovens e educados, que morava no campo de Dheisheh, estabeleceu o Centro Ibdaa, cuja principal atração era o projeto Across Borders (Atravessando fronteiras); esta era uma maneira revolucionária de, através de terminais de computadores, conectar refugiados na maioria dos campos, separados geográfica e politicamente por barreiras tremendamente fortes, uns aos outros. Pela primeira vez, desde que seus pais se dispersaram em 1948, refugiados de segunda geração em Beirute e Amã podiam se comunicar com seus semelhantes na Palestina. Algumas coisas que os participantes desse projeto fizeram foram notáveis. Dessa forma, quando as barreiras israelenses foram levemente relaxadas, os residentes de Dheisheh visitaram seus antigos vilarejos na Palestina, descreveram então suas emoções e tudo o que viram aos refugiados que haviam apenas ouvido falar desses lugares, mas nunca tiveram acesso a eles. Dentro de semanas, uma notável solidariedade emergiu, durante as chamadas negociações finais entre a OLP e Israel, em que se desencadeava aquele momento em que estavam começando a estudar a questão dos refugiados e seu retorno, o que juntamente com a questão de Jerusalém formou o cerne de intransigência do processo de paz, que não mais poderia avançar. Portanto, para alguns refugiados palestinos, sua presença e vontade política se realizaram pela primeira vez, atribuindo-lhes um novo *status* qualitativamente diferente de sua anterior característica de objeto passivo, que havia sido sua sorte durante meio século.

Em 26 de agosto de 2000, todos os computadores de Dheisheh foram destruídos num ato de vandalismo político, que não deixou dúvidas de que o que se pretendia era que os refugiados permanecessem refugiados, o que significa dizer que não se permitiria que rompessem o *status quo* que presumira o seu silêncio havia tanto tempo. Não seria difícil fazer uma lista dos suspeitos, mas é difícil crer que alguém terá seu nome apontado ou será preso. De qualquer forma, os moradores do campo de Dheisheh se propuseram logo a restaurar o Centro Ibdaa e já obtiveram algum grau de sucesso. Responder à pergunta de por que é que os indivíduos e grupos preferem escrever e falar no lugar do silêncio equivale a especificar com o que os escritores e intelectuais se confrontam na esfera pública. A existência de indivíduos ou grupos em busca de justiça social e igualdade econômica – e que entendem, na formulação de Amartya Sen, que a liberdade deve incluir o direito a uma larga gama de escolhas que tragam desenvolvimento cultural, político, intelectual e econômico – de fato leva a um desejo de articulação e não de silêncio. Isso sem dizer que, para o intelectual norte-americano, a responsabilidade é maior; as aberturas são numerosas e o desafio é muito grande. Os Estados Unidos são, afinal, o único poder global; este país intervém em quase todo lugar e seus recursos para a dominação são vastos, embora longe de infinitos. O papel do intelectual, de modo geral, é elucidar a disputa, desafiar e derrotar tanto o silêncio imposto quanto o silêncio conformado do poder invisível, em todo lugar e momento em que seja possível. Pois há uma equivalência social e intelectual entre essa massa de interesses coletivos esmagadores e o discurso usado para justificar, escamotear e mistificar seu funcionamento enquanto, simultaneamente, previne contra objeções e desafios que possam surgir contra ele. Hoje em dia, quase universalmente, expressões como "livre comércio", "privatização", "menos governo" e outras semelhantes tornaram-se a ortodoxia da globalização, são seus falsificados valores universais. São a base do discurso dominante, idealizado para criar um consenso e uma aprovação tácitos. Deste nexo emanam confecções ideológicas tais como "o Ocidente", "o confronto de civilizações", "valores tradicionais" e "identidade" (talvez as mais abusadas expressões do léxico global, hoje). Todas elas são lançadas não como parecem ser – como instigações ao debate –, mas, ao contrário, para sufocar, excluir e esmagar a dissensão, sempre que os falsos valores encontrarem resistência ou questionamento.

O principal propósito desse discurso dominante é fazer com que a lógica cruel do lucro e do poder político se torne um estado normal de coisas. Por trás da farsa do debate enérgico a respeito do Ocidente e do Islã, surgem mecanismos alienadores e antidemocráticos (a teoria do grande demônio ou do Estado rebelde e terrorismo) para criar distrações para que não se percebam que, na realidade, estão sendo retirados de bens sociais e políticos. De um lado, Hashemi Rafsanjani exorta o Parlamento iraniano a maiores graus de islamização como defesa contra os Estados Unidos; do outro, Bush, Blair e seus fracos parceiros preparam seus cidadãos para uma guerra indeterminada contra o terrorismo islâmico, Estados rebeldes e o resto. O realismo e seu associado próximo, o pragmatismo, são mobilizados a partir de sua verdadeira origem filosófica, no contexto do trabalho de Peirce, Dewey e James, e, em seguida, são submetidos a trabalhos forçados nas reuniões entre executivos, nas quais, como disse Gore Vidal, se tomam as verdadeiras decisões sobre governo e candidatos presidenciais. Por mais que se seja a favor de eleições, é também uma verdade amarga que elas não produzem nem democracia nem resultados democráticos, automaticamente. Pergunte a qualquer morador da Flórida.

O intelectual pode oferecer em seu lugar um relato imparcial de como identidade, tradição e nação são construídas como entidades, na maior parte das vezes na forma insidiosa de oposições binárias que são, inevitavelmente, expressas como atitudes hostis ao outro. Pierre Bourdieu e seus associados sugeriram de forma muito interessante que o neoliberalismo Clinton-Blair, que se baseou no desmantelamento dos conservadores, durante o período Thatcher–Reagan, das grandes conquistas sociais do *welfare state* (Estado de bem-estar social), construiu um *doxa** paradoxal, uma contraevolução simbólica que inclui o tipo de autoglorificação nacional que acabo de mencionar. Isso, diz Bourdieu, é "conservador, mas se apresenta como progressista, busca a restauração da ordem do passado em alguns de seus aspectos mais arcaicos (especialmente no que diz respeito às relações econômicas), e no entanto faz com que perdas e capitulações sejam vistas como reformas ou revoluções progressistas que levam a toda uma nova era de abundância e liberdade (como é caso da linguagem da chamada 'nova economia' e o discurso que tanto celebra as firmas em redes e a Internet)".

Para lembrarmos do mal que esse regresso já produziu, Bourdieu e seus colegas escreveram um trabalho coletivo intitulado *La misère du monde*** [traduzido para o inglês em 1999 como *The Weight of the World*: Social Suffering in Contemporary Society (O peso do mundo: o sofrimento social na sociedade contemporânea)], cujo propósito era compelir a atenção dos políticos para aquilo que, na sociedade francesa, o otimismo enganador da retórica pública havia escondido. Esse tipo de livro, portanto, desempenha um papel intelectual negativo, cujo propósito é, para citar novamente Bourdieu, "produzir e disseminar instrumentos de defesa contra a dominação simbólica que cada vez mais se calca na autoridade da ciência"– ou no conhecimento especializado que apela para unidade, orgulho, história e tradição nacionais – para coagir as pessoas à submissão. É óbvio que Índia e Brasil são diferentes da Grã-Bretanha e dos Estados Unidos; mas as grandes disparidades entre culturas e economias não deveriam obscurecer as similaridades muito mais surpreendentes que podem ser vistas em algumas das técnicas e, muitas vezes, no propósito da privação e da repressão que compelem as pessoas a seguirem submissas e cordatas. Eu devo acrescentar ainda que não é necessário apresentar uma teoria confusa e detalhada de justiça para combater intelectualmente a injustiça, já que existe agora uma grande quantidade de acordos internacionais na forma de convenções, protocolos, resoluções e estatutos que as autoridades nacionais devem obedecer, se assim desejarem. E, no mesmo contexto, eu consideraria quase imbecil assumir uma postura ultramodernista (como faz Richard Rorty enquanto combate aquilo a que ele se refere, com desgosto, como a "esquerda acadêmica") e dizer – ao confrontar a limpeza étnica ou o genocídio como o que ocorre hoje no Iraque, ou qualquer dos males da tortura, censura, fome, ignorância (a maioria construções humanas e não atos de Deus) – que os direitos humanos são algo "cultural", de forma que, se forem violados, não têm na realidade o *status* que

---

* Termo do grego eclesiástico, significa *elogio* ou *opinião*. (N.T.)
** Ed. bras.: *A miséria do mundo*. Petrópolis, Vozes, 1998.

lhes é dado por fundamentalistas grosseiros como eu, para quem essas coisas são muitíssimo verdadeiras.

Todo intelectual carrega algum esboço mental ou entendimento do sistema global (em grande medida graças a historiadores mundiais e regionais como Immanuel Wallerstein, Anouar Abdel-Malek, J.M. Blaut, Janet Abdu-Lughod, Peter Gran, Ali Mazrui, William McNeill); mas é durante os encontros diretos com uma geografia ou configuração específica ou outra que os confrontos ocorrem (como em Seattle ou Gênova) e talvez sejam vitoriosos. Há uma crônica admirável do tipo de coisa a que me refiro em diversos ensaios como o de Bruce Robbins em seu *Feeling Global*: Internationalism in Distress, de 1999 (Sentindo-nos globais: o internacionalismo em apuros), de Timothy Brennan em *At Home in the World*: Cosmopolitanism Now, de 1997 (À vontade no mundo: cosmopolitanismo agora), e de Neil Lazarus em *Nationalism and Cultural Practice in the Postcolonial World*, de 1999 (Nacionalismo e prática cultural no mundo pós-colonial), livros cujas texturas são desajeitadamente entrelaçadas e territoriais, eles são de fato obscurecimentos do sentido crítico (e contestador) que o intelectual faz do mundo em que vivemos hoje, tomado em episódios ou até fragmentos de um quadro maior, que seu trabalho e o de outros contribuem para compilar. O que eles sugerem é um mapa de experiências que seriam indiscerníveis, talvez até invisíveis, duas décadas atrás, mas que, no "dia seguinte" dos impérios clássicos, o fim da Guerra Fria, a desintegração dos blocos socialistas e não alinhados, com as dialéticas emergentes entre o Norte e o Sul na era da globalização, não podem ser excluídos nem do estudo cultural nem dos distritos um tanto etéreos das disciplinas humanísticas.

Eu mencionei alguns nomes não apenas para indicar o quanto considero significativas as suas contribuições, mas também para utilizá-los de forma a pular para algumas áreas concretas de preocupação coletiva, nas quais, para citar Bourdieu pela última vez, há uma possibilidade de "intervenção coletiva". Ele observa que "o edifício do pensamento crítico, como um todo, está precisando de reconstrução. Este trabalho de reconstrução não poderá se realizar, como se pensava antigamente, por um único grande mestre-pensador, fazendo uso apenas dos recursos de seu pensamento singular, nem pelo porta-voz autorizado de um grupo ou uma instituição que se presume falar em nome daqueles que não têm voz, união, partido e assim por diante. É aqui que o intelectual coletivo* pode desempenhar um papel insubstituível, ajudando a criar as condições sociais para a produção coletiva de utopias realistas".

---

* "Intelectual coletivo" é o termo utilizado por Bourdieu para designar indivíduos cuja soma de trabalhos de pesquisa e participação em assuntos comuns constituem uma espécie de coletivo *ad hoc*. (N.T.)

A leitura que faço disso se foca na ausência de qualquer fórmula, planta baixa ou grande teoria para aquilo que o intelectual pode fazer, e, no momento, a ausência de qualquer teleologia utópica em cuja direção a história humana esteja caminhando. Portanto, inventam-se – no sentido literal da palavra do latim *inventio*, empregada em retórica para designar o rearranjo a partir de desempenhos anteriores ou o reencontrar de soluções, e não o uso romântico de invenção como algo que você cria do nada – inventam-se metas através da abdução, isto é, elaboram-se hipóteses de situações melhores a partir de fatos conhecidos, históricos e sociais.

Portanto, na realidade, isso permite desempenhos intelectuais em muitas frentes, muitos lugares, muitos estilos, e que mantêm em uso tanto o sentido de oposição quanto o sentido de participação engajada. Assim, fotografia, cinema e até música, juntamente com as artes literárias, podem se tornar aspectos dessa atividade. Parte daquilo que vemos como sendo atividade do intelectual é não apenas definir a situação, mas também discernir as possibilidades para intervenção ativa, seja quando as desempenhamos nós mesmos, seja quando as reconhecemos em outros que já passaram ou que estão trabalhando, o intelectual como olheiro. O provincialismo no sentido antigo da palavra – por exemplo, eu sou um especialista em literatura cuja área de interesse é a Inglaterra do início do século XVII – é excluído e, francamente, parece pouco interessante e desnecessariamente estéril. A presunção tem de ser que, apesar de ninguém poder saber de tudo, deve sempre ser possível discernir os elementos de uma disputa ou tensão ou problema próximo de nós, que pode ser dialeticamente elucidado, e também sentir que outras pessoas têm um interesse semelhante e trabalhar num projeto conjunto.

Eu encontrei um paralelo maravilhosamente inspirador para aquilo que quero dizer no livro recente de Adam Philips, *Darwin's Worms* (As minhocas de Darwin), em que a atenção de Darwin, durante toda uma vida, às humildes minhocas revelou a capacidade de elas expressarem a variabilidade e o projeto da natureza sem necessariamente ver o todo de um ou de outro, de forma que, em seu trabalho, as minhocas substituam "um mito de criação por um mito secular de manutenção". Há alguma forma não trivial de generalizar a respeito de que forma tais conflitos estão ocorrendo neste momento? Eu me limitarei a falar um pouco a respeito de apenas três, cada um dos quais é profundamente passível de intervenção e elaboração intelectual.

O primeiro é proteger contra e impedir o desaparecimento do passado, que na rapidez da mudança, da reformulação da tradição e da construção de blocos simplificados de história, está no cerne da disputa descrita por Benjamin Barber (apesar de ele ter generalizado muito radicalmente) como a "*Jihad* contra o McMundo".

O papel do intelectual é, antes de mais nada, o de apresentar leituras alternativas e perspectivas da história outras que aquelas oferecidas pelos representantes da memória oficial e da identidade nacional – que tendem a trabalhar em termos de falsas unidades, da manipulação de representações distorcidas ou demonizadas de populações indesejadas ou excluídas e da propagação de hinos heroicos cantados para varrer todos que estiverem em seu caminho. Pelo menos desde Nietzsche, escrever a história e acumular memória têm sido vistos, de diversas formas, como um dos alicerces fundamentais do poder, guiando suas estratégias e orientando seu progresso. Olhe, por exemplo, para a chocante exploração de sofrimento passado descrito nos relatos de Tom Segev, Peter Novick e Norman Finkelstein a respeito dos usos do Holocausto ou, apenas para mantermo-nos na área de restituição histórica e reparação, a agressiva desfiguração, desmembramento e esquecimento de experiências históricas significativas que não têm *lobbies* suficientemente poderosos no presente e portanto são postos de lado ou desprezados. O que se precisa hoje é de histórias sóbrias e desintoxicadas que evidenciem a multiplicidade e complexidade da história, sem permitir que se conclua que ela progride de forma impessoal, de acordo apenas com regras determinadas ou pelo divino ou pelos poderosos.

Em segundo lugar, é preciso reconstruir áreas de coexistência em lugar de campos de batalha resultantes do trabalho intelectual. Há grandes lições a se aprender do processo de descolonização; primeiro, que por mais nobres que tenham sido seus propósitos, não preveniu suficientemente a emergência de regimes nacionalistas repressivos no lugar dos regimes coloniais; segundo, que o próprio processo foi quase imediatamente capturado pela Guerra Fria, apesar dos esforços retóricos do movimento dos não alinhados; e terceiro, que tenha sido miniaturizado e trivializado por uma pequena indústria acadêmica que simplesmente a tornou uma disputa ambígua entre oponentes ambivalentes.

Em terceiro lugar, nas diversas discussões sobre justiça e direitos humanos, às quais tantos de nós consideramos que tenhamos nos unido, haja necessidade de se ter um componente de nosso engajamento que precise se focar na necessidade de redistribuição de recursos e que advogue o imperativo teórico contra as imensas acumulações de poder e capital, que tanto distorcem a vida humana. A paz não poderá existir sem a igualdade: este é um valor intelectual que necessita desesperadamente de reforço e reiteração. A sedução da própria palavra – paz – está no fato de ela ser cercada e embebida de louvores de aprovação, louvores sem controvérsia, endosso sentimental. A mídia internacional (como tem sido o caso recentemente com as guerras sancionadas em Kosovo e no Iraque) amplifica e ornamenta sem crítica e transmite sem questionamento tudo isso para vastas audiências para quem guerra e paz são espetáculos para o deleite e consumo imediato. É preciso muito mais coragem, trabalho e conhecimento para dissolver palavras como "guerra" e "paz" em seus elementos, recuperando aquilo que foi deixado fora dos processos de paz determinados pelos poderosos e, dessa forma, recolocar a realidade excluída no centro das coisas, do que para escrever artigos descritivos "liberais", à la Michael Ignatieff, que pedem mais destruição e morte para civilizações distantes. O intelectual poderá talvez ser uma espécie de memória alternativa, que exponha seu próprio discurso alternativo, que não permita que a consciência ignore a realidade ou fique adormecida. O melhor corretivo é, como disse dr. Johnson, imaginar que a pessoa sobre a qual você está discutindo – neste caso, as pessoas sobre quem cairão as bombas – esteja lendo o seu texto em sua presença.

Assim mesmo, da mesma forma que a história nunca acaba ou se completa, o caso é que algumas oposições dialéticas não são reconciliáveis, não são transponíveis, não são realmente capazes de serem organizadas em alguma espécie de síntese mais elevada, indubitavelmente mais nobre. O exemplo mais próximo de mim é a disputa pela Palestina, que, sempre acreditei e continuo acreditando, não pode ser simplesmente resolvido por meio de um rearranjo técnico e, em última análise, apenas de custódio, de sua geografia, dando aos palestinos que foram expulsos de suas terras o direito (por parco que seja) de viver em cerca de 20 por cento de seu território, que seria cercado por, e dependente de, Israel. Nem, por outro lado, seria moralmente aceitável exigir que os israelenses se retirem de toda a antiga Palestina, hoje Israel, para se tornarem refugiados como os palestinos novamente. Por mais que eu procure uma solução para este impasse, não consigo encontrar, pois este não é um caso fácil de direito contra direito. Não poderá nunca ser correto privar todo um povo de sua terra e legado ou esmagá-lo e abatê-lo, como Israel tem feito ao longo dos trinta e quatro anos de sua ocupação. Mas os judeus também são aquilo que eu tenho chamado de uma comunidade de sofrimento e trouxeram consigo um legado de grande tragédia. Entretanto, diferentemente de Zeev Sternhell, eu não posso concordar que a conquista da Palestina tenha sido uma conquista necessária – a ideia ofende a realidade da dor dos palestinos, ao seu modo também trágica.

Experiências que se sobrepõem e, no entanto, são irreconciliáveis, demandam do intelectual a coragem de dizer aquilo que está diante de nós, quase da mesma forma que Adorno, em todo o seu trabalho sobre música, insistiu que a música moderna nunca poderá ser reconciliada com a sociedade que a produziu; mas em sua forma e conteúdo, intensamente e muitas vezes desesperadamente criados, a música pode desempenhar o papel de testemunha silenciosa da desumanidade que nos cerca. Qualquer assimilação de trabalho musical individual ao seu contexto social, diz Adorno, é necessariamente falsa. Eu concluo com o pensamento de que o lar provisório do intelectual é o domínio de uma arte exigente, resistente e intransigente, dentro da qual não é possível, infelizmente, nem se esconder nem procurar soluções. Mas é apenas nesse precário mundo solitário que se pode verdadeiramente compreender a dificuldade daquilo que não pode ser compreendido e ir em frente e tentar assim mesmo.

Publicado originalmente em *The Nation*, de 17 a 24 de setembro de 2001.

O CHOQUE DA IGNORÂNCIA

Quando o artigo de Samuel Huntington "The Clash of Civilizations"* foi publicado na edição de verão da *Foreign Affairs*, despertou imediatamente uma atenção e reação surpreendentes do público. Pelo fato de o artigo ter a intenção de propor aos americanos uma teoria original sobre "uma nova fase" na política mundial depois do fim da Guerra Fria, os argumentos de Huntington pareciam irresistivelmente grandiosos, corajosos e até mesmo visionários. Ele claramente estava de olho em rivais dentro das fileiras dos formuladores de política dos Estados Unidos, teóricos como Francis Fukuyama e suas ideias de "fim da história", assim como as legiões que haviam celebrado o avanço do globalismo, do tribalismo e da desintegração do Estado. Mas Huntington acreditava que eles haviam compreendido apenas alguns aspectos deste novo período. Ele anunciaria o "aspecto crucial, realmente central" de como "a política global deveria ser nos próximos anos". Sem hesitar, afirmava:

"Minha hipótese é que a fonte fundamental do conflito neste novo mundo não será primordialmente ideológica ou econômica. As grandes divisões entre a humanidade e a fonte principal do conflito serão culturais. Estados-nação continuarão a ser os atores mais poderosos nas questões mundiais, mas os principais conflitos da política global ocorrerão entre nações e grupos de diferentes civilizações. O choque de civilizações dominará a política global. As rupturas entre as civilizações serão as frentes de batalha do futuro."

A maior parte dos argumentos das páginas seguintes se apoiava numa noção vaga de algo que Huntington chamava de "identidade de civilização" e "interações entre sete ou oito (*sic*) grandes civilizações", das quais o conflito entre duas delas,

---

* Ed. bras.: *O choque de civilizações*. Rio de Janeiro, Objetiva, 1997.

o Islã e o Ocidente, concentra sua atenção. Seu pensamento belicoso se apoia muito num artigo de 1990, escrito pelo veterano orientalista Bernard Lewis, cuja coloração ideológica se manifesta no título "The Roots of Muslim Rage" (As raízes do ódio muçulmano). Nos dois artigos, a personificação de enormes entidades designadas de "o Ocidente" e o "Islã" é afirmada irresponsavelmente, como se assuntos muito complicados, como identidade e cultura, fossem tirados do mundo de desenho animado, onde Popeye e Brutus espancassem um ao outro impiedosamente, até a vitória de um deles, em geral do pugilista mais virtuoso. Com certeza, nem Huntington nem Lewis tinham muito tempo para gastar com a dinâmica interna e com o pluralismo de cada civilização; ou com o fato de que a mais importante competição, na maioria das culturas modernas, se dá em torno da definição ou interpretação de cada cultura; ou com a possibilidade pouco atraente de uma grande parcela de demagogia e pura ignorância estar envolvida quando se tem a presunção de falar em nome de toda uma religião ou civilização. Não, o Ocidente é o Ocidente, e o Islã é o Islã.

Segundo Huntington, o desafio para os formuladores de política do Ocidente é assegurar que o Ocidente se torne mais forte e resista a todos os outros, ao Islã em particular. Mais perturbadora é sua presunção de que sua perspectiva, ou seja, examinar o mundo inteiro desvinculado de ligações comuns e de lealdades escondidas, é a correta, como se todo mundo estivesse correndo de um lado ao outro em busca das respostas que ele já encontrou. Na realidade, Huntington é um ideólogo, alguém que quer transformar "civilizações" e "identidades" no que elas não são: entidades fechadas, lacradas, que foram expurgadas da miríade de correntes e contracorrentes que animam a história humana, e que ao longo dos séculos tornaram possível para essa história incluir não apenas guerras de religião e conquista imperial, mas também ser uma história de trocas, fertilização mútua e compartilhamento. Essa história menos visível é ignorada, na ânsia de dar ênfase de forma grotescamente comprimida e restrita aos conflitos que, segundo a teoria do "choque de civilizações", seriam a realidade. Quando publicou seu livro com o mesmo título em 1996, Huntington tentou dar a seu argumento um pouco mais de sutileza, e muito, muito mais notas de rodapé; tudo o que fez, contudo, foi confundir a si mesmo e demonstrar que era um escritor inepto, assim como um pensador deselegante.

O paradigma básico do Ocidente *versus* o resto (a oposição da Guerra Fria reformulada) permaneceu intocado, e isso é o que persistiu, muitas vezes insidiosa e implicitamente, em discussão, desde os terríveis eventos* de 11

---

* Referência aos ataques terroristas ao World Trade Center e ao Pentágono, em 11/9/2001, nos Estados Unidos.

de setembro. O ataque suicida e a carnificina horrendos, cuidadosamente planejados e patologicamente motivados, levados a cabo por um pequeno grupo de militantes enlouquecidos, foram transformados numa comprovação das teses de Huntington. Em vez de ver a realidade como realmente é – a apreensão equivocada de grandes ideias (eu uso a palavra de forma flexível) por um pequeno bando de fanáticos insanos, para propósitos criminosos –, luminares internacionais, desde a ex-primeira-ministra do Paquistão, Benazir Bhutto até o primeiro-ministro italiano Silvio Berlusconi, pontificaram sobre os problemas do Islã, e, no caso desse último, usaram as ideias de Huntington para arengar sobre a superioridade do Ocidente, como "nós" temos Mozart e Michelangelo e eles não. (Berlusconi desde então pediu, sem muita convicção, desculpas por seu insulto ao "Islã".)

Mas, por que, em vez disso, não ver paralelos, admitidamente menos espetaculares em sua destrutividade, entre Osama bin Laden e seus seguidores com outros cultos, como o ramo dos davidianos, os discípulos do reverendo Jim Jones, na Guiana, ou o Aum Shinrikyo japonês? Até mesmo o habitualmente sóbrio semanário britânico *The Economist,* na edição de 22-28 de setembro, não resiste em buscar a resposta numa vasta generalização, exaltando Huntington de forma extravagante por sua observações "cruéis e abrangentes, mas agudas" sobre o Islã. "Hoje", a revista afirma, com indecorosa solenidade, Huntington escreve que "o bilhão ou mais de muçulmanos do mundo estão 'convencidos da superioridade de sua cultura e obcecados com a inferioridade de seu poder'". Teria ele consultado cem indonésios, duzentos marroquinos, quinhentos egípcios e cinquenta bósnios? E, se o fez, que tipo de amostragem é essa?

Vale a pena acrescentar a esse vocabulário de gigantismo e apocalipse os incontáveis editoriais de jornais e revistas americanos e europeus, cada qual com o objetivo claro não de educar, mas sim de inflamar os sentimentos de indignação dos leitores como membros do "Ocidente", e dizer o que devemos fazer. A retórica de Churchill é usada inapropriadamente por aqueles que se nomeiam combatentes do Ocidente na guerra e especialmente dos Estados Unidos, contra seus inimigos, saqueadores, destruidores, dando pouca atenção às histórias complexas que desafiam tais reducionismos e têm passado de um território a outro, no processo de ignorar as fronteiras que devem nos separar em campos armados e antagônicos.

Este é o problema de rótulos pouco construtivos, como o Islã e o Ocidente: eles desorientam e confundem a mente que tenta compreender uma realidade desordenada que não será categorizada ou manietada tão facilmente como querem. Lembro-me de certa vez ter de interromper um homem que, depois de uma palestra que eu havia proferido numa universidade na Cisjordânia, em 1994, se levantara no meio do público e começara a atacar minhas ideias, acusando-as de ser "ocidentais", em oposição às suas, estritamente islâmicas. "Por que, então, você está usando paletó e gravata"?, foi a primeira resposta que me veio à cabeça. "Também são ocidentais." O indivíduo se sentou, com um sorriso envergonhado no rosto. Lembrei-me, contudo, desse incidente, quando começaram a chegar informações sobre os terroristas do 11 de setembro: como eles haviam dominado todos os detalhes técnicos exigidos para infligir seu mal homicida no World Trade Center, no Pentágono e no avião que pilotaram. Onde se fixa o limite entre a tecnologia "ocidental" e, como Berlusconi declarou, a incapacidade "islâmica" de fazer parte da "modernidade"?

Não se pode fixá-lo facilmente, é claro. Quão inadequados são, portanto, os rótulos, as generalizações e as asserções culturais. Em algum nível, por exemplo, as paixões primitivas e o sofisticado *know-how* convergem de maneira que dão à mentira uma fronteira fortificada não apenas entre o "Ocidente" e o "Islã", mas também entre o passado e o presente, nós e eles, sem falar dos próprios conceitos de identidade e nacionalidade sobre os quais há infindável desacordo e debate. Uma decisão unilateral feita para fixar limites na areia, para fazer cruzadas, para opor ao mal delas a nossa bondade, para extirpar o terrorismo e, no vocabulário niilista de Paul Wolfowitz, para acabar com nações inteiramente, não torna mais fácil visualizar essas supostas entidades; pelo contrário, mostra como é mais simples fazer declarações belicosas, com o propósito de mobilizar paixões coletivas, do que refletir, examinar, identificar aquilo com que estamos lidando; na verdade, a interligação de inúmeras vidas, as "nossas", assim como as "deles".

Numa extraordinária série de três artigos, publicados entre janeiro e março de 1999, no *Dawn,* o semanário mais respeitado do Paquistão, o saudoso Eqbal Ahmad, escrevendo para um público muçulmano, analisou o que chamou de raízes da direita religiosa, criticando duramente as mutilações do Islã impostas pelos absolutistas e tiranos fanáticos, que, com sua obsessão em regulamentar o comportamento pessoal, promovem "uma ordem islâmica reduzida a um código penal, despojada de seu humanismo, estética, buscas intelectuais e devoção espiritual". E isso "impõe uma asserção absoluta de um, geralmente descontextualizado, aspecto da religião e uma total desconsideração de outro. O fenômeno distorce a religião, degrada a tradição e deturpa o processo político onde quer que ele ocorra". Como exemplo conveniente dessa degradação, Ahmad primeiro apresenta o significado rico, complexo e pluralista da palavra *jihad* e depois continua, para mostrar que, no atual confinamento da palavra para significar guerra indiscriminada contra supostos inimigos, é impossível "reconhecer o Islã – religião, sociedade, cultura, história ou política – como vivido e vivenciado pelos muçulmanos em todas as épocas". Os islamistas modernos, Ahmad conclui, estão "preocupados com o poder, não com a alma; com a mobilização do povo por motivos políticos, e não com partilhar e aliviar seus sofrimentos e aspirações. A agenda política deles é muito limitada e de curto prazo". O que piorou tudo é que distorções e fanatismo similares ocorrem no universo dos discursos "judaico" e "cristão".

Foi Conrad que compreendeu, com mais força do que qualquer um de seus leitores poderia ter imaginado, no final do século XIX, que as distinções entre a Londres civilizada e "o coração da trevas" rapidamente desapareciam em situações extremas, e que as alturas da civilização europeia poderiam instantaneamente cair nas práticas mais bárbaras sem preparação ou transição. E foi Conrad também, em *The Secret Agent* (1907)*, que descreveu a afinidade do terrorismo com abstrações como "pura ciência" (e por extensão pelo "Islã" e "o Ocidente"), assim como a degradação moral última dos terroristas.

Pois há laços mais profundos entre civilizações aparentemente rivais do que a maioria de nós gostaria de acreditar; tanto Freud quanto Nietzsche mostraram a facilidade aterrorizante com que as pessoas se movem permanentemente através de fronteiras cuidadosamente mantidas e até mesmo policiadas. Mas tais ideias fluidas, cheias de ambiguidade e ceticismo sobre noções a que nós aderimos, dificilmente nos fornecem orientações adequadas e práticas para lidar com as situações que estamos enfrentando. Daí as mais reasseguradoras ordens de batalha (uma Cruzada, o bem *versus* o mal, a liberdade contra o medo etc.) tiradas da suposta oposição de Huntington entre o Islã e o Ocidente, de quem o discurso oficial se apropriou de seu vocabulário, nos primeiros dias depois dos ataques de 11 de setembro. Desde então, tem havido uma perceptível desescalada daquele discurso. Mesmo assim, a julgar pela constante quantidade de discursos e ações impulsionados pelo ódio e fluxo de notícias sobre esforços para a aplicação da lei contra os árabes, muçulmanos e indianos em todo o país, o paradigma continua.

Uma razão a mais para sua persistência é a crescente presença de muçulmanos em toda a Europa e nos Estados Unidos. Pensem nas populações hoje da França, da Itália, da Alemanha, da Espanha, da Grã-Bretanha, dos Estados Unidos e até mesmo da Suécia, e vocês deverão concordar que o Islã não está mais nas bordas do Ocidente, mas sim em seu centro. Mas o que é tão ameaçador sobre essa presença? Enterradas na cultura coletiva estão as memórias das primeiras grandes conquistas árabe-islâmicas, que começaram século VII e que como o ilustre historiador belga Henri Pirenne escreveu em seu importante livro *Mohammad and*

---

* Ed. bras.: Joseph Conrad. *O agente secreto*. Rio de Janeiro, Revan, 2002.

Charlemagne (1939)*, romperam de uma vez por todas com a unidade antiga do Mediterrâneo, destruíram a síntese cristã-romana e possibilitaram a ascensão da nova civilização, dominada pelas potências do norte (a Alemanha e a França carolíngias), que tinham como missão – ele parecia estar dizendo – retomar a defesa do "Ocidente" contra seu inimigos históricos e culturais. O que Pirenne deixou de fora, aliás, foi que, para criar essa nova linha de defesa, o Ocidente recorreu ao humanismo, à ciência, à filosofia, à sociologia e à historiografia do Islã, que já tinha se colocado entre o mundo de Carlos Magno e a Antiguidade clássica. O Islã está dentro do Ocidente desde o começo, e até mesmo Dante, grande inimigo de Maomé, tinha que concordar com isso quando colocou o profeta no próprio centro de seu *Inferno*.

Há ainda o persistente legado do próprio monoteísmo, das religiões abraâmicas, como Louis Massignon adequadamente as chamava. Começando com o judaísmo e o cristianismo, cada uma é uma sucessora assombrada pela anterior; para os muçulmanos, o Islã preenche e termina a linha da profecia. Não há ainda uma história decente ou uma desmistificação da competição multifacetada entre essas três religiões seguidoras – nenhuma delas, de forma alguma, representando um campo monolítico e unificado – do mais ciumento de todos os deuses, embora a sangrenta convergência moderna na Palestina forneça um exemplo secular rico do que tem sido tão tragicamente irreconciliável entre elas. Não surpreendentemente, então, os muçulmanos e cristãos falam prontamente de cruzadas e *jihads*, ambos omitindo a presença judaica com uma despreocupação sublime. Tal agenda, diz Eqbal Ahmad, é "muito tranquilizadora aos homens e às mulheres que estão encalhados no meio do caminho entre as águas profundas da tradição e as da modernidade".

Mas estamos todos nadando nessas águas – ocidentais, muçulmanos e outros. E já que as águas são parte do oceano da história, tentar ará-las ou dividi-las com barreiras é algo fútil. Estes são tempos tensos, mas é melhor pensar em termos de "comunidades poderosas e comunidades sem poder", de "política secular da razão e a ignorância" e "os princípios universais da justiça e da injustiça", do que divagar em busca de grandes abstrações, que podem dar satisfação momentânea, mas pouco autoconhecimento ou análise informada. A tese do "choque de civilizações" é uma farsa como "a guerra dos mundos", que serve mais para reforçar o auto-orgulho defensivo que para uma compreensão crítica da desconcertante interdependência de nosso tempo.

---

* Ed. port.: *Maomé e Carlos Magno*. Lisboa, Edições Asa, 1992.
Publicado originalmente em *The Nation*, de 22 de outubro de 2001.

Naguib Mahfouz e a crueldade da memória

Antes de ganhar o Prêmio Nobel em 1988, Naguib Mahfouz era conhecido fora do mundo árabe – por alunos que estudavam o mundo árabe e o Oriente Médio – principalmente como autor de histórias pitorescas sobre a vida da classe média-baixa do Cairo. Em 1980, tentei fazer com que um editor de Nova York – que à época procurava livros do Terceiro Mundo para publicar – se interessasse em lançar várias obras desse grande autor, com traduções de primeiro nível, mas, depois de uma rápida reflexão, a ideia foi rejeitada. Quando perguntei por que, ele me respondeu, sem qualquer ironia perceptível, que o árabe era um idioma controvertido.

Alguns anos mais tarde, mantive uma correspondência agradável – e, do meu ponto de vista, encorajadora – com Jacqueline Onassis, que tentava decidir se se interessaria por Mahfouz. Ela acabou se tornando uma das pessoas responsáveis por trazê-lo para a editora Doubleday, que o publica agora, embora ainda em versões um tanto irregulares, que aparecem aos poucos, sem muita publicidade nem repercussão. Os direitos de tradução de seus livros em inglês pertencem à Cairo Press, da American University. Assim, o pobre Mahfouz, que parece tê-los vendido sem imaginar que algum dia iria se tornar um autor mundialmente famoso, agora não tem voz sobre o que tem sido, parece óbvio, essencialmente um empreendimento comercial, não literário, sem muita unidade artística ou linguística.

Para os leitores árabes, Mahfouz sem dúvida representa uma voz singular, que domina a linguagem com uma maestria impressionante e que, ainda assim, não chama a atenção para si mesma. Tentarei mostrar, a seguir, que ele tem uma visão decididamente universalista e, de certa forma, autoritária de seu país. Como um imperador que inspeciona seus domínios, ele se sente capaz de recapitular, julgar e moldar a longa história e a complexa posição do Egito, ao mostrá-lo como um dos mais antigos, fascinantes e cobiçados prêmios para conquistadores como Alexandre, César e Napoleão, assim como para seu próprio povo.

Ademais, Mahfouz tem recursos intelectuais e literários para se expressar de uma maneira inteiramente poderosa, direta, sutil. Como seus personagens (que são sempre descritos tão logo aparecem), Mahfouz tem uma linguagem direta: ele submerge o leitor numa densa corrente narrativa e então o deixa nadar nela, e ao mesmo tempo dirige as correntes, redemoinhos e ondas da vida de seus personagens; a história do Egito sob os primeiros-ministros como Saad Zaghlul e Mustafa El-Nahhas; e dúzias de outros detalhes sobre partidos políticos, histórias de família e tantas outras, com habilidade extraordinária. Realismo, sim, mas algo mais também: uma visão que aspira ser abrangente, não diferente da de Dante, em sua junção da atualidade terrena com a eterna, mas sem os aspectos cristãos.

Nascido em 1911, Mahfouz publicou, entre 1939 e 1944, três romances – ainda não traduzidos para o inglês – sobre o antigo Egito, enquanto trabalhava no Ministério de Awqaf (Fundos Religiosos). Também traduziu o livro de James Baikie, *Ancient Egypt* (Egito Antigo), antes de começar a escrever suas crônicas sobre o Cairo moderno, em seu *Khan Al-Khalili*, que apareceu em 1945. Esse período culminou com a publicação de sua soberba *Cairo Trilogy* (Trilogia do Cairo), entre 1956 e 1957. Esses romances são, na prática, um resumo da vida do Egito moderno durante a primeira metade do século XX.

A trilogia é a história do patriarca El-Sayed Ahmed Abdel-Gawwad e de sua família por três gerações. Ao mesmo tempo que fornece uma enorme quantidade de detalhes políticos e sociais, o livro é também um estudo das relações íntimas entre homens e mulheres, assim como um relato da busca da fé por Kamal, filho de Abdel-Gawwad, após uma precoce e breve adesão ao islamismo.

Depois de um período de silêncio, que coincidiu com os primeiros cinco anos que se seguiram à revolução egípcia de 1952, Mahfouz começou a produzir suas obras em prosa numa sucessão ininterrupta – romances, contos, artigos para jornal, memórias, ensaios e roteiros para cinema. Desde suas primeiras tentativas de descrever o mundo antigo, Mahfouz se tornou um escritor extraordinariamente produtivo, intimamente ligado à história de seu tempo; ele estava, contudo, destinado a explorar o antigo Egito novamente, porque sua história lhe permitia encontrar aspectos de seu próprio tempo, refratado e destilado para justificar seus complexos propósitos pessoais.

Creio que isso pode ser dito sobre *Dweller in Truth* (Residente na verdade) (1985), traduzido para o inglês em 1998 como Akhenaten, Dweller in Truth, o qual, a seu modo despretensioso, mostra a preocupação especial de Mahfouz com o poder, com o conflito entre a verdade religiosa ortodoxa e aquela completamente pessoal, e com seu contraponto entre as perspectivas estranhamente compatíveis – e, ainda assim, altamente contraditórias –, que derivam de uma figura muitas vezes inescrutável e misteriosa.

Mahfouz tem sido caracterizado, desde que se tornou uma celebridade mundial reconhecida, tanto como um realista social, como Balzac, Galsworthy e Zola, quanto como um fabulista, saído diretamente das Mil e Uma Noites (como na visão de J. M. Coetzee, em sua decepcionante caracterização de Mahfouz). Está mais próximo da verdade vê-lo – como sugeriu o romancista libanês Elias Khoury – como um autor que fornece em seus livros um tipo de história romanceada, da ficção histórica ao romance, à saga e ao conto picaresco, seguido de obras de cunho modernista, naturalista, simbolista e *absurdista*.

Ademais, apesar de sua forma transparente, Mahfouz é muito sofisticado, não apenas como um estilista da língua árabe, mas também como estudante assíduo do processo social e da epistemologia, ou seja, da forma como as pessoas conhecem suas experiências, sem igual em sua parte do mundo e, provavelmente, em qualquer outra parte. Os romances realistas com os quais ganhou sua fama, longe de serem apenas um espelho sociológico consciencioso do Egito moderno, são também tentativas audaciosas de revelar a forma extremamente concreta de como o poder é empregado. Esse poder pode derivar do divino, como em sua parábola Awlad Haritna (*Children of Gebelaawi*) de 1959, na qual o grande proprietário Gebelaawi é uma figura divina, que baniu seus filhos do Jardim do Éden ou do trono, da família, do próprio patriarcado ou das associações civis, tais como os partidos políticos, universidades, burocracia governamental e assim por diante. Isso não quer dizer que os romances de Mahfouz sejam guiados ou organizados em torno de princípios abstratos: eles não são, caso contrário sua obra seria muito menos poderosa e interessante para seus incontáveis leitores árabes, assim como para seu agora já extenso público internacional.

O objetivo de Mahfouz, creio eu, é incorporar ideias de maneira tão profunda em seus personagens e em suas ações que nada de teórico fica exposto. Mas o que sempre o fascinou de fato é a maneira como o Absoluto – que para um muçulmano é, obviamente, Deus como o poder máximo –, necessária e simultaneamente se torna material e irrecuperável, como quando o decreto de banimento de Gebelaawi contra seus filhos os joga no exílio ou até mesmo quando ele recua, fora de alcance para sempre, para sua fortaleza – sua casa, que eles podem sempre ver de seu território. O que é sentido e vivido é tornado manifesto e concreto; mas não pode ser prontamente compreendido à medida que vai sendo cuidadosa e minuciosamente exposto pela notável prosa de Mahfouz.

Malhamat Al-Harafish (1977) – em inglês, Epic of the Harafish – amplia e aprofunda o tema de *Children of Gebelaawi*. O uso sutil que faz da linguagem lhe permite traduzir aquele Absoluto na história, nos personagens, nos eventos, na sequência temporal e local, enquanto – porque é o primeiro princípio das coisas – misteriosamente mantém seu obstinado, original e atormentador alheamento. Em *Akhenaten*, o deus-sol transforma o jovem rei, prematuramente monoteísta, para sempre, mas nunca se revela, assim como o próprio Akhenaten é percebido apenas indiretamente, descrito em numerosas narrativas de seus inimigos, amigos e esposa, que contam sua história, mas não podem resolver seu mistério.

Não obstante, Mahfouz também tem um lado ferozmente antimístico, mas que é dividido por recordações e até mesmo percepções de um grande poder esquivo, que parece muito perturbador para ele. Considere-se, por exemplo, que a história de Akhenaten exige não menos que catorze narradores e ainda assim não consegue acomodar as interpretações conflitantes de seu reino. Cada uma das obras de Mahfouz que eu conheço tem essa personificação central, mas distante do poder, mais memoravelmente na figura dominante do velho El-Sayed Ahmed Abdel-Gawwad, na *Cairo Trilogy*, cuja presença cheia de autoridade perpassa toda a ação ao longo da trilogia.

Na trilogia, sua eminência, que aos poucos se afasta, não está simplesmente fora do palco, mas também está sendo transmutada e desvalorizada por instituições e ações mundanas, como o casamento de Abdel-Gawwad, seu comportamento licencioso, seus filhos e seus envolvimentos políticos cambiantes. Os assuntos mundanos parecem intrigar Mahfouz – e talvez, ao mesmo tempo, até compeli-lo e fasciná-lo –, especialmente em seu relato sobre a forma pela qual o esmaecido legado de El-Sayed Abdel-Gawwad, cuja família, na verdade, é o tema de Mahfouz, no final ainda consegue manter unidas as três gerações, durante a revolução de 1919, a era liberal de Saad Zaglul, a ocupação britânica e o reino de Fouad, ao longo do período entreguerras.

O resultado é que, quando o leitor chega ao final de um dos romances de Mahfouz, ele paradoxalmente vivencia tanto a pena com o que ocorreu com seus personagens em sua longa decadência quanto uma quase indefinida esperança de que, se voltar ao começo da história, será capaz de recuperar a força pura dessas pessoas. Há uma insinuação de como esse processo é fascinante em um fragmento intitulado A Message (Uma mensagem), contido em seu *Echoes of an Autobiography* (Ecos de uma autobiografia) (1994): "A crueldade da memória se manifesta na lembrança do que é dispersado no esquecimento". Mahfouz é um irredimível, mas altamente julgador e preciso, anotador da passagem do tempo.

Portanto, ele é tudo menos um humilde contador de histórias que assombra os cafés do Cairo e essencialmente trabalha em silêncio em um canto escuro. A obstinação e o orgulho com os quais se manteve fiel ao rigor de seu trabalho por meio século, com sua recusa em submeter-se à debilidade ordinária, está no próprio âmago do que faz como escritor, o que lhe permite manter seu impressionantemente constante ponto de vista sobre a forma como a eternidade e o tempo estão tão inter-relacionados em seu país, o próprio Egito. Como espaço geográfico e como história, o Egito de Mahfouz não tem correlato em qualquer outra parte do mundo. Mais antigo do que a própria história, geograficamente diferente por causa do Nilo e seu fértil vale, o Egito de Mahfouz é um imenso acúmulo de história, que se estende no tempo por milhares de anos e, apesar da impressionante variedade de seus governantes, regimes, religiões e raças, retém uma identidade própria e coerente. Ademais, o Egito tem tido uma posição singular entre as nações. Objeto de atenção de conquistadores, aventureiros, pintores, escritores, cientistas e turistas, o país não se parece com nenhum outro pela posição que ocupa na história humana e pela visão quase atemporal que incorporou.

A principal realização da obra de Mahfouz, assim como Tolstói e Soljenitsyn, é ter encarado a história não apenas com seriedade, mas também como literatura. O leitor fica ciente do tamanho de sua personalidade literária pela pura audácia e até mesmo excessiva arrogância de seu escopo. Articular grandes pedaços da história do Egito em nome daquela história, e se sentir capaz de apresentar seus cidadãos para o escrutínio como seus representantes: esse tipo de ambição é raramente encontrado em escritores contemporâneos.

O Egito de Mahfouz é um Egito carregado, impressionantemente vívido pela precisão e humor com que ele o retrata, de uma forma que não é nem completamente dominada por grandes heróis nem capaz de dispensar um sonho de harmonia total do tipo que Akhenaten tão desesperadamente luta por manter, sem conseguir. Sem um poderoso centro controlador, o Egito pode facilmente se diluir na anarquia ou numa tirania absurda e gratuita, baseada quer no dogma religioso, quer numa ditadura pessoal.

Mahfouz tem agora 90 anos, está quase cego e, depois que foi agredido fisicamente por fanáticos religiosos em 1994, se tornou um recluso. O que é notável e comovente sobre ele é como – dada a grandeza de sua visão e de sua obra – ainda parece manter sua crença liberal do século XIX de construção de uma sociedade humana e decente para o Egito, mesmo que as evidências que continua a desencavar e escrever a respeito na história e na vida contemporânea continuem a refutar essa crença. A ironia é que, mais do que ninguém, ele dramatizou em seu trabalho o antagonismo quase cósmico que vê no Egito como a incorporação de absolutos majestosos de um lado e, de outro, o desgaste e a demolição desses absolutos pelos indivíduos, pela história, pela sociedade. Ele nunca conseguiu realmente conciliar esses opostos. Ainda assim, como cidadão, Mahfouz vê a civilidade e a continuidade de uma personalidade transnacional e permanente do Egito em sua obra como algo que talvez sobreviva aos processos debilitantes de conflito e degeneração histórica que ele, mais do que qualquer outro que eu tenha lido, tão poderosamente descreveu.

Publicado em *CounterPunch*, em 16/12/2001.

Um acadêmico comprometido:
Pierre Bourdieu (1930-2002)

Como pensador, professor, cidadão e ativista, Pierre Bourdieu se destacou extraordinariamente em nosso tempo. Tinha uma capacidade prodigiosa para o trabalho e uma energia aparentemente ilimitada para combater em nome da verdade – a verdade não apenas do sofrimento social não registrado, mas também a verdade sobre a obstinação social que se esconde insidiosamente sob a superfície das coisas, e (um tema persistente de seus últimos anos) a postura insensível dos chamados intelectuais realistas ou pragmáticos. O poder nunca perturbou ou impressionou Pierre: ele atacou suas muitas formas contemporâneas com uma destemida coragem. Para nós, seus amigos, alunos e colegas, sua perda é tão dolorosa quanto cruel, e se não fosse pelo legado de pensamento e pesquisa que nos deixou como sustentáculo e exemplo, nos sentiríamos verdadeiramente abandonados.

De Paris, ele me dava a impressão, durante os últimos anos, de estar em seu ápice como combatente na luta contra as injustiças e os estragos feitos nas modernas sociedades ocidentais aos pobres e excluídos em nome do neoliberalismo e da globalização. Graças a Deus, eu costumava dizer para mim mesmo, por seu humor impiedoso e *insights* mordazes. E graças a Deus também por sua compaixão e sabedoria autorreflexiva, que o impulsionava livro após livro, investida após investida, causa após causa. Abatido como foi no auge de seu brilhantismo, ele estabeleceu, todavia, para todos os intelectuais a obrigação de seguir na mesma linha que ele, Pierre Bourdieu, traçou contra a ortodoxia e o mercado impérvio, uma frente de batalha específica que mais do que ninguém ele discerniu, explicou e à qual criativamente se opôs nas últimas três décadas.

Desde o momento que o encontrei em Nova York – ele fora ao meu escritório para discutir sobre o Parlamento de Escritores e a situação horrível da Argélia na época –, fiquei impressionado com seu jeito despretensioso, sua cordialidade e seu respeito por um novo amigo e aliado. Sempre sério, nunca foi solene. De uma maneira um tanto encantadora, raramente perdia a chance de dizer algo engraçado ou desmistificador. Também nunca posava ou fazia ares de superioridade. Franqueza e sinceridade eram a marca registrada de sua presença intelectual, mesmo que fosse contundentemente irônico em seus ataques contra a impostura e a fraude. Tinha um conhecimento enciclopédico sobre os movimentos sociais, cujas correntes e transformações narrou. O que mais me impressionava, contudo, é como a complexidade e o detalhe nunca o derrotavam ou o incapacitavam. Pelo contrário, ao objetivar tanto um quanto o outro com inigualável maestria, era também capaz de transitar por uma visão teórica incomparavelmente elegante e estimulante. Isso, creio eu, é o que o tornou um grande professor e inspirador. Isso e a total ausência de afetação.

Nenhum de seus amigos, colegas e familiares que se reuniram aqui para honrar sua memória precisa ser lembrado de que sua imensa realização intelectual resultou numa *oeuvre* de riqueza singular e alcance sem paralelo. Como humanista e intelectual engajado, dois aspectos me pareceram especialmente atraentes. A incansável energia de Pierre Bourdieu não interferiu em sua capacidade de manter a calma: tinha um surpreendente talento para a autorreflexão, como o que transparecia em seu maravilhoso *Pascalian Meditations**. Lembro-me muito bem que eu estava lecionando no College de France (a convite dele) quando ele me disse casualmente que havia começado a trabalhar naquele livro. Também me recordo do quanto invejei seu autocontrole, e de como era raro para uma figura pública tão produtiva e envolvida como ele se retirar da contenda para tentar compreender seu próprio trabalho e suas posições. É claro que isso é algo que poucos de nós têm, ou seja, a disciplina ou o comprometimento permanente com o esforço acadêmico para ao menos tentar, que dirá realizar. Coisa extraordinária, ele tinha as duas coisas.

Em segundo lugar, vinha o seu talento para o trabalho em grupo, tão em evidência, por exemplo, em *Libre-Échange* (Livre-troca), o livro de diálogos que escreveu com Hans Haacke, e também, é claro, em *The Weight of the World* (O peso do mundo). Mas vou dar um exemplo mais próximo. Alguns anos atrás, eu o havia convidado para participar de uma conferência intitulada "Scholarship and Commitment", que se realizaria em Chicago. Quando o convidei, me parecia que ninguém da nossa época havia descrito melhor do que ele a densidade da vida acadêmica e sua lógica autoperpetuante, bem como sua sufocante capacidade para mutilar e silenciar o indivíduo. Bourdieu amavelmente aceitou meu

---

* Ed. bras.: *Meditações pascalianas*. São Paulo, Bertrand, 2001.

convite, mas percebeu, logo depois, que a viagem lhe seria muito cansativa. Ele havia me prevenido sobre isso antes, maliciosamente acrescentando que, em sua opinião, um dos problemas de viajar era o inevitável (e em geral excessivamente longo) jantar acadêmico que ele também teria de suportar! Em vez de cancelar sua participação, contudo, decidimos juntos que ele estaria lá, ao vivo, através de um circuito de televisão, para que os participantes pudessem vê-lo e ouvi-lo ao mesmo tempo. O horário marcado calhava ser às 19 horas em Chicago, o correspondente às 2 da manhã em Paris. Mesmo assim, cavalheirescamente, lá estava Pierre, para ser visto por todos em Chicago, apesar de ter o cansaço estampado no rosto. Suas intervenções foram excepcionalmente bem recebidas pelas três mil pessoas presentes; elas admiraram sua descrição do trabalho intelectual coletivo, assim como sua análise cáustica do "multiculturalismo" como um modismo acadêmico passageiro. Fiquei surpreso também ao ver como ele foi capaz de entrar numa vigorosa discussão com o público distante, um sinal claro de que suas palavras impressionaram imediatamente a todos.

Gostaria de poder estar com vocês em Paris hoje. A morte de Pierre é muito comovente para que seja sofrida a essa distância, aqui nos Estados Unidos, e tão sentida por mim e por muitos outros para os quais seu trabalho e exemplo eram ao mesmo tempo inspiradores e reconfortantes, particularmente numa época em que a humanidade sente falta de paladinos, enquanto a ortodoxia da virtude e do poder parece tão incontestada, e, por que não dizer, tão predominante. É ao espírito magnificamente crítico e oposicionista de Pierre Bourdieu que devemos nos ater e tentar, incessantemente, perpetuar.

Publicado originalmente em *Al-Ahram*, n. 573, de 14 a 20 de fevereiro de 2002.

Parte II

Cinquenta anos de expropriação

Nos Estados Unidos, as celebrações dos cinquenta anos da fundação do Estado de Israel tentaram projetar uma imagem do país que saiu de moda desde a Intifada Palestina (1987-1992): um Estado pioneiro, cheio de esperanças e promessas para os sobreviventes do Holocausto nazista, um refúgio do liberalismo iluminado em meio a um mar de fanatismo e reação árabe. Em 15 de abril, por exemplo, foi transmitido em horário nobre, diretamente de Hollywood, pela rede de televisão CBS, um programa de duas horas de duração, apresentado por Michael Douglas e Kevin Costner e com a participação de estrelas e astros de cinema como Arnold Schwarzenegger, Kathy Bates (que recitou, é claro, textos de Golda Meir, exceto, naturalmente, seu mais célebre comentário de que os palestinos não existiam) e Winona Ryder. Nenhum desses astros é particularmente conhecido por seu conhecimento ou entusiasmo pelo Oriente Médio, embora todos eles, de uma forma ou de outra, tenham exaltado a grandeza e as realizações duradouras de Israel. Houve até mesmo tempo para uma breve aparição do presidente Bill Clinton, que forneceu talvez a menos edificante e mais atávica observação da noite, ao cumprimentar Israel, "um pequeno oásis", por "fazer florescer o que antes era um deserto árido" e por "construir uma democracia próspera em terreno hostil".

Ironicamente, esse tipo de louvor não foi proferido na televisão israelense, que vem transmitindo Tkuma, uma série em vinte e dois episódios sobre a história do país. Essa série tem um conteúdo inegavelmente mais complicado. Os episódios sobre a guerra de 1948, por exemplo, utilizam como fontes arquivos descobertos e revelados pelos novos historiadores – Benny Morris, Ilan Pappe, Avi Schlaim, Tom Segev, entre outros –, para demonstrar que os palestinos nativos foram expulsos à força; suas vilas, destruídas; sua terra, roubada; sua sociedade, erradicada. Era como se o público israelense não precisasse de todos os paliativos fornecidos para os espectadores internacionais e da diáspora, que ainda precisavam saber que Israel era razão de júbilo sem complicações e não, como foi para os palestinos, a causa de uma prolongada e ainda permanente expropriação do povo nativo do país.

O fato de a celebração americana simplesmente omitir qualquer menção aos palestinos também indica como uma visão ideológica pode perdurar sem remorso, apesar dos fatos, dos anos de notícias e manchetes, de um extraordinário – embora em última análise malsucedido – esforço para apagar os palestinos do quadro da sublime tranquilidade de Israel. Se eles não são mencionados, então não existem. Mesmo depois de cinquenta anos de existência do exílio palestino, ainda me impressiona como Israel e seus defensores não medem esforços para suprimir o fato de que meio século se passou sem restituição, reconhecimento ou confirmação israelense dos direitos humanos palestinos e sem – como os fatos sem dúvida mostram – associar essa suspensão dos direitos às políticas oficiais de Israel. Mesmo quando há uma vaga consciência subentendida dos fatos, como no caso da matéria de primeira página do *The New York Times*, de 23 de abril, escrita por um tal Ethan Bronner, a *Nakba* palestina é caracterizada como um evento semifictício (com a palavra "catástrofe" devidamente colocada entre aspas, por exemplo) que ninguém causou. Quando Bronner cita um palestino desterrado que descreve seus sofrimentos, seu testemunho do indivíduo é assim qualificado: "para muitos israelenses, a ideia do sr. Shikaki considerar-se uma vítima é de arrepiar", uma reação tornada plausível na medida em que Bronner passa por cima do desterro daquele homem e de suas privações sistemáticas e imediatamente nos conta como seu "ódio" (por anos a palavra aprovada para lidar com a história palestina) impeliu seus filhos a unir-se ao Hamas e ao Jihad Islâmico. Portanto, os palestinos são terroristas violentos, enquanto Israel pode continuar sendo "uma superpotência regional vibrante e democrática criada sobre as cinzas do genocídio nazista". Mas não sobre as cinzas da Palestina, uma obliteração que permanece nas medidas tomadas por Israel para bloquear os direitos palestinos internamente, assim como nos territórios ocupados em 1967.

Tomemos, por exemplo, a questão da terra e da cidadania. Aproximadamente setecentos e cinquenta mil palestinos foram expulsos em 1948: eles são agora mais de 4 milhões. Os cento e vinte mil (agora um milhão) que ficaram posteriormente se tornaram israelenses, uma minoria que constitui 18 por cento da população do Estado, mas sem uma plena cidadania, exceto no nome. Somem-se a isso cerca de 2,5 milhões de palestinos vivendo sem soberania na Cisjordânia e em Gaza. Israel é o único país do mundo que não age como um Estado em relação a seus verdadeiros cidadãos; por outro lado, toda a população judaica tem direitos que os não judeus não têm. Sem uma constituição formal, Israel é governado por Leis Básicas, das quais uma em especial, a Lei do Retorno, permite a qualquer judeu, em qualquer parte do mundo, emigrar para Israel e se tornar cidadão do país, enquanto os palestinos nascidos lá não têm esse mesmo direito. Noventa e três por cento da terra do Estado é caracterizada como terra judaica, o que significa que nenhum não judeu pode alugá-la, vendê-la ou comprá-la. Antes de 1948, a comunidade judaica na Palestina era dona de pouco mais de 6 por cento da terra. Um caso recente de um israelense palestino, Adel Kaadan, que queria comprar terras, mas não pôde porque não era judeu, se tornou uma *cause célèbre* em Israel, chegando até mesmo à Suprema Corte, que supostamente deve decidir sobre esses assuntos, mas que, nesse caso, preferiu não se manifestar. O advogado de Kaadan afirmou que "como judeu em Israel, acho que se algum judeu, em qualquer outra parte do mundo, fosse proibido de comprar terra do Estado, terra pública ou de propriedade do governo federal, simplesmente pelo fato de ser judeu, creio que haveria um clamor em Israel" (*The New York Times*, 1º de março de 1998). Essa anomalia em relação à democracia israelense, pouco conhecida e raramente citada, é agravada pelo fato de, como eu disse acima, a terra de Israel ser, para começar, propriedade dos palestinos expulsos em 1948; desde seu êxodo forçado, sua propriedade foi legalmente transformada em terra judaica pela Lei de Propriedade dos Absenteístas, a Lei de Propriedade do Estado e o Regulamento da Terra (a Aquisição de Terra para Fins Públicos). Agora somente cidadãos judeus têm acesso àquela terra, fato que não corrobora a extraordinariamente abrangente afirmação do *The Economist* sobre "Israel aos 50" (25 de abril/1º de maio de 1998) de que desde a fundação do Estado os palestinos "gozam de plenos direitos políticos".

O que torna isso especialmente irritante para os palestinos é o fato de eles terem sido forçados a ver a transformação de sua própria terra natal num Estado ocidental, que tem como propósito expresso atender aos judeus e não aos não judeus. Entre 1948 e 1966, os israelenses palestinos foram governados por regulamentos militares. Depois, à medida que o Estado regularizava sua políticas sobre educação, práticas legais, religião, participação social, econômica e política, um regime evoluiu para manter a minoria palestina em desvantagem, segregada e constantemente discriminada. Há um relato esclarecedor dessa história vergonhosa que é raramente citado e, quando o é, é minimizado pelo eufemismo (comum ao *apartheid* sul-africano) de que "eles" têm seu próprio sistema: é um relatório de março de 1988 intitulado Violações legais dos direitos das minorias árabes em Israel, publicado por *Adalah* (a palavra árabe para justiça), uma organização árabe-judaica dentro de Israel. Especialmente esclarecedora é a seção sobre o "enfoque discriminatório dos tribunais israelenses", rotineiramente exaltados por defensores de Israel por sua imparcialidade e justiça. Na realidade, o relatório aponta que os tribunais, ao tomar decisões progressistas e decentes sobre os direitos das mulheres, homossexuais, deficientes etc., "desde 1948, negaram provimento a todos os casos relacionados à igualdade de direitos para os cidadãos árabes, e nunca incluíram uma declaração afirmativa em decisões relacionadas à proteção de direitos de grupos árabes". Isso foi comprovado por um levantamento de casos criminais e civis nos quais os árabes não conseguem nenhuma ajuda dos tribunais e são indiciados com muito mais frequência do que os judeus em circunstâncias similares.

Foi somente há um ou dois anos que investigações da maquiagem política de Israel, que até então se presumia ser um Estado socialista, igualitário, pioneiro e avançado, transformaram sua imagem na de um país sem atrativos. O livro *The Founding Myths of Israel* (Os mitos fundadores de Israel) (Princeton University, 1998), escrito por Zeev Sternhell, historiador israelense especializado nos movimentos de massa de direita europeus do século XX, encontra congruências perturbadoras entre aqueles movimentos e a variante política de Israel, que ele corretamente chama de "socialismo nacionalista". Longe de serem socialistas, os fundadores de Israel e subsequentemente o regime que eles estabeleceram foram profundamente antissocialistas, voltados quase totalmente para a "conquista da terra" e a criação de uma "autorrealização" e um novo senso de cidadania orgânica que se moveu constantemente para a direita durante os anos anteriores a 1948. "Nem o movimento sionista no exterior", diz Sternhell, "nem os pioneiros que estavam começando a colonizar o país poderiam formular uma política em relação ao movimento nacional palestino. A verdadeira razão para isso não foi a falta de compreensão do problema, mas um claro reconhecimento da contradição insuperável entre os objetivos básicos dos dois lados". Depois de 1948, a política em relação aos palestinos visava claramente o desaparecimento daquela comunidade ou sua anulação política, já que era claro que a contradição entre os dois lados sempre permaneceria insuperável. Resumindo, Israel não poderia se tornar um Estado secular liberal, apesar dos esforços de duas gerações de publicistas tentarem fazer isso.

Depois de 1967, a ocupação da Cisjordânia e de Gaza produziu um regime militar e civil que tinha como objetivo a submissão palestina e a dominação de Israel, uma extensão do modelo sobre o qual Israel propriamente funcionava. Assentamentos foram estabelecidos no final do verão de 1967 (e Jerusalém anexada) não por partidos de direita, mas pelo Partido Trabalhista, membro, por incrível que pareça, da Internacional Socialista. A promulgação de literalmente centenas de "leis de ocupação" diretamente violava não apenas os princípios da Declaração Universal dos Direitos Humanos, mas também as Convenções de Genebra. Essas violações cobriam o leque das detenções administrativas, expropriações de terra maciças, demolição de casas, movimentos forçados da população, torturas, retirada de árvores, assassinatos, proibição de livros, fechamento de escolas e de universidades. Os assentamentos ilegais, contudo, continuaram a se expandir, à medida que ia ocorrendo cada vez mais uma limpeza étnica em terras árabes, para que as populações judaicas da Rússia, da Etiópia, do Canadá e dos Estados Unidos, entre outros lugares do mundo, pudessem ser acomodadas.

Depois que os acordos de Oslo foram assinados, em setembro de 1992, as condições de vida dos palestinos pioraram sem cessar. Tornou-se impossível para os palestinos viajar livremente, Jerusalém foi declarada área proibida e grandes projetos de construção transformaram a geografia do país. Em todos os casos, a distinção entre judeus e não judeus continuou sendo escrupulosamente preservada. A análise mais perspicaz da situação legal criada depois de Oslo é a de Raja Shehadeh no livro *From Occupation to Interim Accords*: Israel and the Palestinian Territories (Da ocupação às acomodações provisórias: Israel e os territórios palestinos) Kluwer, 1997, uma importante obra que demonstra a continuidade cuidadosamente preservada entre a estratégia de negociação israelense durante o processo de Oslo e sua política de ocupação de terra nos Territórios Ocupados, desde o começo dos anos 1970.

Além do mais, Shehadeh demonstra a trágica falta de preparo e compreensão da estratégia da OLP durante o processo de paz, com o resultado de que muito da simpatia conquistada internacionalmente pelos palestinos contra a política de assentamentos de Israel e seu funesto histórico de direitos humanos foi jogada fora, não usada e não explorada. "Todo o apoio e simpatia", ele diz, "que demorou anos para os palestinos conseguirem, foi-se embora, por assim dizer, com a convicção equivocada de que a luta havia acabado. Os palestinos, tanto quanto os israelenses, contribuíram para dar a falsa impressão, através, entre outras coisas, da imagem amplamente difundida pela mídia do aperto de mão de Arafat e Rabin, que o conflito israelense-palestino estava resolvido. Nenhuma tentativa séria foi feita para lembrar ao mundo que uma das principais causas do conflito depois de 1967, os assentamentos israelenses em território ocupado palestino, continuava intacta. Isso para não falar de outras questões básicas não resolvidas, como o retorno dos refugiados, as compensações e a questão de Jerusalém".

Inquestionavelmente, o dilema moral enfrentado por qualquer um que tente compreender o conflito palestino-israelense é profundo. Os judeus israelenses não são colonos brancos do tipo que colonizou a Argélia ou a África do Sul, apesar de terem se utilizado de métodos similares. Eles são corretamente vistos como vítimas de uma longa história de perseguições ocidentais, em grande parte cristãs e antissemitas, que culminaram nos quase incompreensíveis horrores do Holocausto nazista. Para os palestinos, contudo, seu papel é o de vítimas das vítimas. Esse é o motivo pelo qual liberais ocidentais que abertamente adotaram o movimento anti*apartheid*, ou o dos sandinistas nicaraguenses, ou da Bósnia, ou do Timor Leste, ou dos direitos civis americanos, ou das comemorações armênias do genocídio turco, ou muitas outras causas políticas desse tipo, evitaram apoiar abertamente a autodeterminação palestina. Já em relação à política nuclear israelense, ou sua campanha de tortura legalmente avalizada, ou de uso de civis como reféns ou da recusa em dar aos palestinos permissão para construir em sua própria terra na Cisjordânia – a questão nunca é levantada na esfera pública liberal, em parte por medo, em parte por sentimento de culpa.

Um desafio ainda maior é a dificuldade de separar as populações palestinas e israelense-judaicas que estão agora inextricavelmente ligadas de todas as maneiras, apesar do imenso abismo que as divide. Aqueles de nós que por anos têm defendido a criação de um Estado palestino se deram conta de que se tal "Estado" (as aspas aqui são claramente necessárias) surgir dos escombros de Oslo, ele será fraco, economicamente dependente de Israel e desprovido de verdadeira soberania ou poder. Acima de tudo, como o atual mapa da Cisjordânia demonstra amplamente, as zonas autônomas palestinas não serão contíguas (elas agora representam apenas 3 por cento da Cisjordânia; o governo de Netanyahu voltou atrás ao abrir mão de uns 13 por cento adicionais) e na prática divididas em Bantustans controlados de fora por Israel. O único caminho sensato, portanto, é recomendar que os palestinos e seus defensores renovem a luta contra o princípio fundamental que relega os "não judeus" à subserviência na terra da Palestina histórica. Isso, me parece, é o que deve ser o objetivo de qualquer campanha principista em favor da justiça para os palestinos, e certamente não o separatismo enfraquecido que movimentos como o Peace Now têm intermitentemente abraçado e rapidamente abandonado. Não pode haver conceito de direitos humanos, não importa quão elástico, que acomode as restrições das práticas do Estado israelense contra os palestinos "não judeus" em favor dos cidadãos judeus. Somente se for encarada a contradição inerente entre o que efetivamente é um exclusivismo teocrático e étnico de um lado e uma democracia genuína, de outro, pode haver alguma esperança para a reconciliação e paz em Israel e na Palestina. Desconversar, tergiversar, olhar para o outro lado, evitar a questão inteiramente, ou aceitar o pábulo com definições de "paz" vazias não trará para os palestinos e, a longo prazo, também para os israelenses nada além de sofrimento e insegurança.

Publicado originalmente em *Al-Ahram*, n. 376, de 7 a 13 de maio de 1998.

Palestina: a realidade clara e atual

Agora em seu sétimo mês, a Intifada atingiu seu estágio mais cruel e sufocante para os palestinos. Os líderes de Israel estão claramente determinados a fazer o que sempre fizeram, ou seja, tornar a vida impossível para este povo que sofre injustamente. Sharon não conhece nenhum limite para o que está disposto a fazer, em nome de um "princípio" aceito pelos Estados Unidos, qual seja, se recusar a fazer qualquer coisa enquanto a "violência" continuar.

Isso, portanto, parece dar a Sharon o direito de manter sob cerco uma população inteira de três milhões de pessoas, enquanto ele e Shimon Peres – claramente os mais desonestos e hipócritas de todos os dirigentes – viajam pelo mundo reclamando do terrorismo palestino. Portanto, não vamos perder tempo nos perguntando como é que eles conseguem que lhes seja permitido utilizar táticas tão desprezíveis. O fato é que conseguem e continuarão conseguindo no futuro próximo.

Tendo dito e admitido isso, contudo, não temos motivo para aceitar as consequências passivamente. Tentemos, então, olhar com calma a situação, de um ponto de vista tático e estratégico. Eis o que temos:

1. A liderança palestina que assinou o acordo de Oslo e aceitou o desastroso princípio de tutelagem dos Estados Unidos, assim como fez todo tipo de concessões deploráveis (incluindo a continuação de novos assentamentos que estavam em marcha), é simplesmente incapaz de fazer qualquer coisa além do que está fazendo, ou seja, ao mesmo tempo atacar Israel verbalmente e sinalizar por debaixo da mesa que está disposta a voltar às velhas (e inúteis) negociações, mais ou menos da mesma forma como já foram feitas. Além disso, essa liderança tem pouco poder e ainda menos credibilidade.

O puro talento de Arafat em sobreviver o levou tão longe quanto ele poderia ir, e mesmo que o fim da linha deva ser óbvio, ele não tem intenção de desistir.

A ilusão de que ele é a Palestina e vice-versa persiste teimosamente; enquanto ele viver, continuará acreditando nisso, não importa o que aconteça. A dificuldade adicional é que todos os seus possíveis sucessores são figuras menores, que provavelmente tornarão as coisas piores.

2. A política dos Estados Unidos não é afetada pela difícil situação palestina, não importa quão ruim ela possa ser. Bush é tão pró-Israel quanto Clinton, e o *lobby* de Israel nos Estados Unidos e na Europa é tão impiedoso em sua mentiras e falsas informações como sempre foi, apesar de anos de esforços da parte dos árabes em tentar se aproximar tanto do governo dos Estados Unidos quanto (surpreendentemente também) do *lobby* israelense. E, ainda assim, há uma grande parcela de simpatia não explorada pela causa palestina nos Estados Unidos e na Europa, embora nunca tenha havido qualquer campanha palestina (entre os afro-americanos, os latinos, a maioria das igrejas que não fazem parte das igrejas fundamentalistas do Sul, a comunidade acadêmica, e até mesmo – como ficou provado por uma impressionante declaração de várias centenas de rabinos, apoiando os direitos palestinos, num anúncio pago no *The New York Times* –, entre judeus americanos, muitos dos quais estão tão horrorizados com Sharon e Barak quanto nós estamos) para conquistar esse público de uma maneira sistemática.

3. Hoje é muito menos provável que os Estados árabes deem aos palestinos algo mais do que uma ajuda tática marginal. Todos eles têm interesses diretos que os ligam à política dos Estados Unidos; nenhum deles tem a capacidade de ser um aliado estratégico dos palestinos, como uma recente reunião de cúpula em Amã provou conclusivamente. Por outro lado, uma grande distância separa governantes e governados no mundo árabe, e isso é um encorajamento suficiente para a causa palestina, se for dirigido à emancipação e ao fim da ocupação.

4. Os israelenses não irão cessar sua política de assentamentos nem de cerceamento da vida palestina em geral. Apesar de suas bravatas, Sharon não é um homem muito inteligente nem competente. Ele se apoiou na força e trapaça ao longo de sua carreira, flertando com o crime e o terror na maior parte do tempo, utilizando-as sempre que podia. Nós nunca nos dirigimos ao público de Israel – particularmente aqueles cidadãos perturbados pelos acontecimentos atuais, que na prática condenam Israel à uma luta sem fim – nem nós, infelizmente, temos o que dizer agora, por exemplo, às centenas de reservistas que se recusaram a prestar o serviço militar durante a Intifada. Há um público em Israel ao qual devemos encontrar um forma de engajar, exatamente como o Congresso Nacional africano decidiu engajar os brancos na luta contra o *apartheid*.

5. A situação palestina em si é remediável, já que são os seres humanos que fazem a história, e não o contrário. Há um número suficiente de jovens e

velhos palestinos em todo o mundo que estão completamente desesperados, desanimados e profundamente cansados de uma liderança, que foi de um desastre a outro sem nunca ser responsabilizada, sem nunca ter contado a verdade e sem nunca ter sido clara sobre seus objetivos (exceto sua própria sobrevivência).

Como disse certa vez o saudoso Eqbal Ahmad, a OLP tem sido historicamente muito flexível estrategicamente e muito rígida taticamente. Na realidade, este aforismo se reflete exatamente na política e no desempenho da organização desde 1993. Arafat começou aceitando as resoluções 242 e 338 (do Conselho de Segurança da ONU) como base das negociações (estratégicas), mas mudou flexivelmente para admitir uma modificação estratégica após outra, durante os anos seguintes. Os assentamentos deveriam parar, mas aumentaram, e ele aceitou isso também. O mesmo aconteceu com Jerusalém e com a devolução de todos os territórios. Mas Arafat nunca hesitou em sua tática, que era manter-se no processo de paz e colocar-se sob a dependência dos americanos, não importasse o que acontecesse. Estrategicamente flexível, taticamente rígido.

6. Portanto, agora precisamos de algo que a situação exige, mas a que todos os atores resistem, ou seja, de uma definição real de metas e objetivos. Essas têm de incluir, em primeiro lugar, o fim da ocupação militar por Israel e o fim dos assentamentos. Nenhum outro caminho pode levar a paz e a justiça aos palestinos e israelenses.

Não existe paz "interina" (como Oslo propunha durante todo o processo, em detrimento do povo palestino). Também não há alguns direitos para os palestinos, e não outros. Isso é um absurdo inaceitável. Um conjunto de leis e direitos, um conjunto de metas e objetivos. Nessa base, um novo movimento de paz palestino para pôr um fim nas demolições de casas pode ser organizado, incluindo necessariamente judeus israelenses e não israelenses, especialmente indivíduos e grupos heroicos como os rabinos que lutam pelos direitos humanos e o movimento para pôr fim às demolições liderado por Jeff Halper.

7. Quais, então, devem ser os objetivos para este movimento? Primeiro, que seja um movimento organizado e enfocado na libertação palestina e na coexistência, em que cada um é parte do todo, em vez de ser um espectador passivo esperando por outro Saladin ou por ordens de cima. Deve haver uma concentração nas duas outras sociedades que têm um impacto central na Palestina: em primeiro lugar, os Estados Unidos, que fornecem a Israel um apoio sem o qual os eventos que hoje ocorrem na Palestina não poderiam acontecer.

Afinal de contas, o contribuinte americano envia diretamente a Israel três bilhões de dólares em ajuda, além do constante fornecimento de armas (como os helicópteros, que estão bombardeando cidades e vilarejos palestinos indefesos), que somam um total de quase cinco bilhões de dólares. Essa ajuda deve ser interrompida ou radicalmente modificada.

E, em segundo lugar, a sociedade israelense, que vem endossando passivamente as políticas racistas contra os palestinos "inferiores", ou as vem apoiando ativamente, ao colaborar com o exército, o Mossad e o Shin Beth, para implementar essa política imoral e humanamente inaceitável. O mais surpreendente disso tudo é que nós suportamos essas políticas por tanto tempo, assim como as suportaram muitos cidadãos israelenses. Eles precisam se envolver para mudá-las.

8. Apesar de todas as declarações de direitos humanos no mundo de hoje (incluindo a Carta da ONU) darem a qualquer povo o direito de resistir, por quaisquer meios necessários, a uma ocupação militar, e de concederem aos refugiados o direito de retornarem a seus lares, também é verdade que os ataques de homens-bombas suicidas em Tel-Aviv não servem a nenhum propósito político ou ético. Eles também são inaceitáveis. Há uma enorme diferença entre, de um lado, apoiar a desobediência organizada – ou protesto de massa – e, de outro, simplesmente explodir a si mesmo e a alguns poucos inocentes. Essa diferença tem de ser afirmada clara e enfaticamente e incluída de uma vez por todas em qualquer programa palestino sério.

9. Os outros princípios são bastante simples. Autodeterminação para ambos os povos; direitos iguais para ambos; nenhuma ocupação; nenhuma discriminação; nenhum assentamento. Todos devem ser incluídos. Quaisquer negociações devem partir dessas bases, que devem claramente ser estabelecidas desde o início, e não omitidas como o foram no processo de Oslo, patrocinado pelos Estados Unidos. A ONU tem de fornecer o marco. No ínterim, é responsabilidade dos palestinos, árabes, judeus, americanos e europeus proteger os indefesos e acabar com os crimes de guerra, tais como punições coletivas, bombardeios e perseguições, que os palestinos sofrem todos os dias.

10. Essas são as realidades de hoje, no centro das quais está uma enorme assimetria, a tremenda disparidade de poder entre Israel e os palestinos. Então devemos assumir uma alta posição moral imediatamente, pelos meios políticos ainda à nossa disposição: o poder de pensar, planejar, escrever e organizar. Isso é verdadeiro para os palestinos na Palestina, em Israel, no exílio. Ninguém está isento de nenhuma obrigação para a nossa emancipação. É triste que a atual liderança pareça totalmente incapaz de compreender isso, e que, portanto, deva sair de cena, o que em algum momento certamente fará.

Publicado em *Z Magazine*, em 1998.

Aviões particulares, poder e privilégios

As reflexões a seguir poderão parecer à primeira vista frívolas e inconsequentes, mas estou convencido de que talvez contenham algo de valor. Há tantas questões de profunda importância clamando por atenção nestes dias que algum distanciamento e uma perspectiva um pouco diferente parecem justificadas, ainda que sejam apenas uma maneira de voltar a examinar o que é verdadeiramente significativo. De qualquer forma, o que tenho em mente está relacionado a um comentário de minha irmã Jean, que vive em Beirute, é uma escritora talentosa e casada com Samir Makdisi, que por vários anos foi o "vice-reitor" da American University de Beirute. Isso significa, na prática, que, como professor residente de economia na AUB, e cidadão libanês, localmente ele era o reitor de fato, já que o reitor oficial, um norte-americano que morava em Nova York, não podia viver em Beirute de forma alguma, considerando que os Estados Unidos, em sua infinita sabedoria e humanidade, tinham proibido seus cidadãos de viajar ao Líbano.

Aquela era uma época difícil para se administrar a AUB: a guerra civil mal havia terminado, milícias e inimigos ainda se confrontavam nas ruas e toda essa situação volátil tornava difícil ser uma autoridade com visibilidade pública. Recordo-me de estar em Beirute, em junho de 1997, e de perceber que, em todas ocasiões oficiais, minha irmã e seu marido sentavam-se invariavelmente na primeira fila. Com ironia característica, Jean fez um comentário que ficou gravado na minha memória desde então, no sentido de que a vista que se tem da primeira fila é inevitavelmente distorcida: não apenas você é visto proeminentemente pelos outros, mas, como não há qualquer obstáculo entre você e o palco, por exemplo, você tem uma visão "melhor" que qualquer outra pessoa do recinto. Não obstante, ainda assim, há distorção. E é isso que ficou gravado na minha memória como um tema que vale a pena comentar um pouco agora.

A maioria das pessoas gasta uma boa parte da vida com experiências que não são nem agradáveis nem edificantes, mas são inevitavelmente parte de ser um cidadão comum. Ficamos de pé na fila da mercearia; nos preocupamos com escolas e em pagar as contas; temos de pensar no conserto da pia, da cozinha ou do banheiro; temos de consultar médicos, advogados, professores etc. e temos de esperá-los; gastamos horas no telefone resolvendo um mal-entendido sobre uma conta ou reclamações de vizinhos; nos preocupamos com o automóvel, tanto para encontrar um vaga no estacionamento quanto para consertá-lo (no caso daqueles de nós que possuem um carro); ir ao trabalho é uma dor de cabeça, em trens e ônibus cheios ou atrasados, enquanto o calor ou o frio tornam a caminhada desagradável. E assim por diante. Esta é uma listagem familiar para qualquer pessoa de classe média-média e classe média baixa. Já para as pessoas que se situam ainda mais abaixo da escala social, os problemas são piores e mais difíceis de resolver. Colocar comida na mesa dos seus filhos; manter (ou conseguir) um emprego; juntar dinheiro o suficiente para os sapatos dos filhos, para um novo casaco ou para uma viagem; pagar o médico ou ter dinheiro para pagar o alto preço dos remédios; se preocupar se pode continuar a viver em sua casa ou apartamento: todas as preocupações diárias que fazem da pobreza ou da falta de privilégios uma experiência tão desagradável e degradante. Se você tiver sorte o suficiente de ter um emprego que lhe agrade, ou um casamento feliz, ou filhos saudáveis, você é, sem dúvida, um indivíduo abençoado e raro. Para a maioria de nós, a vida, como disse o poeta, é um caminho cheio de sofrimento. Ou, como Hobbes afirmou, sobre o mesmo pensamento, de maneira mais concisa e impiedosa: a vida humana é desagradável, brutal e curta.

Agora vamos pular para a primeira fila, a vida de privilégios, na qual suas necessidades são sempre satisfeitas sem que você precise se preocupar com elas. Sempre vejo isso em qualquer lugar onde haja poder e dinheiro (que, em geral, são a mesma coisa). Tomemos algo simples como os transportes. O poder dispensa você de esperar um táxi na chuva, ou tentar encontrar um assento num ônibus lotado: há sempre uma limusine lhe esperando e, se você for politicamente proeminente, como o são os líderes, pode passar pelo trânsito com as sirenes ligadas. O clima não é um problema. Ele está sempre agradável, com ar-condicionado no verão e calefação no inverno. Os telefones estão sempre disponíveis, assim como estão as pessoas que você chama: sua telefonista consegue colocar qualquer um que você quiser em sua linha particular e, melhor ainda, você nunca tem de atender o telefone, nem se preocupar com a conta. Os restaurantes se sentem honrados de tê-lo como cliente; portanto, você sempre consegue a melhor mesa e, algumas vezes, não precisa sequer pagar a conta. Sua hospedagem é garantida em toda parte, assim como suas refeições. Você e sua família são conduzidos por motoristas e nunca ficam em pé numa fila. Orçamentos, no sentido comum da palavra, não significam absolutamente nada. Se você vive na Casa Branca, por exemplo, ou no Palácio Elysée, tudo está resolvido, da cama na qual você dorme às roupas que veste, à limpeza. Notem que não estou falando apenas sobre os Clintons, Blairs e Chiracs. Há também os Milosevics, os Saddams, mais todos os séquitos e seguidores que os cercam. O Ministério das Relações Exteriores, o Departamento de Estado e outros similares têm milhares de embaixadores, subsecretários, consultores e gente do mesmo tipo que também têm a vida toda resolvida, que na prática sempre vão para a frente da fila ou sentam-se na primeira fileira. Eles sempre conseguem ingressos para qualquer coisa, viajam em primeira classe (na parte da frente do avião, é claro), são recebidos nos aeroportos, passam por salas VIP e nunca são interrogados por funcionários rudes ou agressivos da imigração ou da alfândega. Calhou de um dia eu estar no mesmo avião que um ministro das Relações Exteriores árabe que conhecera muito tempo antes de ele ocupar esse cargo. Continuávamos amigos e conversamos durante o voo, de uma capital árabe a outra. Quando estávamos pousando, ele sugeriu que eu saísse com ele para evitar a alfândega e a imigração: ofereceu-me carona em sua limusine particular para me poupar o desconforto (assim como o gasto) de uma corrida de táxi. Movido por um princípio idiota, recusei sua oferta e fiquei horas sendo questionado e examinado pelos funcionários árabes da alfândega e da imigração, porque, apesar de portar um passaporte norte-americano, eu havia sido listado como sendo natural de Jerusalém, algo muito suspeito. Arrependi-me de não ter aceito a oferta de meu amigo e estou agora plenamente preparado para qualquer tratamento especial (no bom sentido) que me for oferecido por amigos influentes, especialmente se estiverem chegando aos aeroportos árabes, ou saindo deles, onde o tratamento para a maioria das pessoas é um tanto duro.

Uma das razões de o grande privilégio e poder conferir aos indivíduos tal isolamento das preocupações ordinárias, e permitir que consigam a primeira fileira para tudo, é supostamente liberar seu tempo e sua mente para decisões importantes. Mas será que isso é mesmo verdade, principalmente em situações nas quais a transparência e a obrigação de prestar contas não podem ser mantidas todo o tempo? Até mesmo Clinton, sabemos agora, se aproveitou de sua posição para usar a Casa Branca para propósitos pessoais, como, entre outras coisas, alugar o quarto de Lincoln para doadores de campanha abastados. Há um grande clamor público e uma grande gritaria agora em relação à campanha de Hillary Clinton ao Senado, já que ela viaja constantemente entre Washington e Nova York em aviões particulares à custa do contribuinte.

Embora realmente pareça verdade que atividades importantes não devam ser interrompidas para se atender o telefone ou ficar na fila da mercearia, será que a primeira fileira sempre fornece àqueles que estão no poder a melhor vista, ou não será também verdade que o privilégio e as armadilhas luxuriantes do poder impedem o indivíduo de vivenciar as realidades dos cidadãos comuns, cuja existência é afetada pelos grandes líderes? E não é também verdade que o *status* VIP se torna um fim em si mesmo para funcionários de escalão mais baixo, para os quais os cargos de embaixadores e ministros compram lealdade e aceitação acríticas de decisões e práticas que em outras circunstâncias seriam vergonhosamente erradas? Quão comumente ouvimos falar de funcionários que pedem demissão, abrem mão de suas limusines, telefones celulares e bilhetes de primeira classe por questões de princípios? E, para deixar o ponto absolutamente claro, não será a ausência, no mundo árabe, de um debate democrático sobre o processo de paz uma das razões pelas quais todas as decisões são tomadas agora somente entre líderes, afastados de seus súditos, em salas com ar-condicionado, em vez de serem por cidadãos que têm de viver as consequências daquilo com que concordaram?

Quando estive em Gaza, em março passado, e vi trabalhadores palestinos voltando de seu dia de trabalho em Israel, sendo forçados a passar por cercas de arames farpados como gado, despojados de sua dignidade e humanidade, me perguntei como nossos negociadores em Washington, em aviões particulares, ou em limusines, teriam agido se soubessem que também seriam obrigados a passar por aquelas cercas. Certamente não iriam aceitar as condições de Israel com facilidade e teriam pensado um pouco mais nos desempregados e nos destituídos que tiveram de aguentar o impacto maior da desumanidade israelense. Mas isso poderia tê-los forçado a desistir de seu assento na primeira fila, e não são muitas as pessoas que têm estômago, ou consciência, para fazer isso.

Resumindo, enquanto aceitamos o princípio de que líderes devem tomar decisões longe do escrutínio público e que não há motivos para fazê-los ficar na fila para usar o telefone, há algum valor em se lembrar de que estar na primeira fila os impede de ver o que está acontecendo dos lados e atrás. Até mesmo o privilégio impõe limitações e distorce a visão. É bom manter um certo distanciamento, como é bom poder afastar-se um pouco da luta, enquanto se desenrola o processo político, mas eu me pergunto se, na ausência de interrupções, ou de críticas sérias que possam ser feitas e ouvidas, o assento da primeira fileira não impõe uma excessiva surdez aos apelos dos oprimidos e muito pouca compreensão das tensões da vida real. A primeira fila – limusines, aviões particulares, poder ilimitado e privilégio – permite aos líderes sem nenhum eleitorado democrático esquecer o passado, especialmente seus aspectos inconvenientes e desagradáveis, e se concentrar apenas em sua própria situação pessoal, que, sob as circunstâncias, é artificialmente confortável e cuja preservação é artificialmente valorizada. Uma ida ocasional ao balcão ou ficar em meio aos estudantes que podem apenas pagar lugares em pé poderia ser um corretivo necessário à vida no isolamento do ar-condicionado, na qual a preservação do cargo (em vez do bem público) pode se tornar a principal preocupação.

Publicado originalmente em *Al-Ahram*, n. 439, de 22 a 28 de julho de 1999.

O direito de retorno, finalmente

Agora que toda a atmosfera de entusiasmo com a posse de Ehud Barak praticamente já acabou, que ele e seu partido estão ameaçados de processo em Israel por corrupção na campanha eleitoral e que há uma demanda cada vez maior por resultados no exterior, a verdadeira face desse regime começa a aparecer com uma impressionante, para não dizer perturbadora, clareza. Conhecem-se algumas informações sobre o sionismo como ideologia, mas, mesmo assim, continua a ser chocante encontrá-las e reencontrá-las repetidamente. A surpresa e a consternação em relação a um estado tão cruel e primitivo de negação humana nunca deveriam diminuir, para que se possa vê-lo como realmente é, algo que, lamento profundamente dizer, nenhum regime árabe teve a coragem de fazer. Para mim, um dos maiores responsáveis por essa cegueira moral continua a ser a liderança palestina, que na prática facilitou o caminho para os argumentos e planos sionistas, com mínima consideração pelos sofrimentos da grande massa de palestinos que definham em campos, favelas e casas improvisadas na Palestina e em muitos outros países árabes.

O já mal-afamado notório processo de paz finalmente chegou à questão que está no centro das expropriações palestinas desde 1948: o destino dos refugiados, que foram expulsos em 1948, depois em 1967 e novamente em 1982, pela brutal política israelense de limpeza étnica. Qualquer outra descrição desses atos do exército de Israel é uma grotesca falsificação da verdade, não importa quantos protestos sejam ouvidos da obstinada direita sionista (presumindo que a esquerda é mais propensa a aceitar a verdade). As décadas de expropriações e duras agonias, poucas vezes vivenciadas por outros povos, que os palestinos tiveram de aguentar – particularmente porque esses sofrimentos foram ignorados, negados e, até mais pungentemente, porque os responsáveis por essa tragédia são elogiados por suas realizações sociais e políticas, sem que se mencione em nenhum momento onde essas realizações realmente começaram – são, sem dúvida, o centro do "problema palestino", jogado no fundo da agenda de negociações até que, finalmente, agora emergiu.

Nas últimas semanas, ocorreram duas séries contraditórias de acontecimentos que, numa antítese total e irreconciliável, praticamente contam, por um lado, a história completa do que está errado num sionismo que não evolui e, por outro, quais os graves erros do processo de paz. Barak e vários de seus sequazes sem rosto têm formalmente afirmado sem cessar, em Israel, na Europa e em outros lugares, sua cada vez mais estridente negação de qualquer responsabilidade pela expropriação palestina. De vez em quando, um funcionário israelense mais sensível poderá, por exemplo, amenizar essas negativas com o reconhecimento de que Israel tem alguma responsabilidade pelas "transferências" que ocorreram em 1948 e 1967, mas que "os árabes" que, supostamente também teriam expulsado os palestinos, o que é uma noção absurda demais para ser refutada, também seriam responsáveis. Esse argumento, portanto, prepararia o caminho para uma oferta magnânima de Israel de receber de volta cem mil dos quase quatro milhões e meio de refugiados que agora vivem no mundo árabe e em outros lugares. Mas tais declarações individuais são notáveis por sua pouca regularidade e pela falta de resposta que obtiveram de Barak e seu círculo, para não falar da maioria do Knesset, dos colonos e de um número desanimadoramente grande de israelenses comuns que nunca terão nada a ver com isso. Não é problema deles; portanto, por que deveriam ter algo a dizer? Isso, claro, é precisamente a estratégia de negociação de Barak: recusar qualquer discussão sobre a reivindicação dos refugiados de retorno, repatriação e/ou compensação. Revelações recentes divulgadas por um pesquisador israelense mostram que um massacre maior do que a notória chacina promovida em Deir Yassin ocorreu em Tantura, também em 15 de maio de 1948, com mais de duzentas vítimas civis palestinas, baleadas a sangue-frio por soldados sionistas, não abalavam minimamente o rígido rejeicionismo de Barak.

O lado contraditório dessa questão é o efeito bola-de-neve, que faz com que o que se tornou uma reivindicação palestina universal pelo direito de retorno seja ouvida literalmente em todo o mundo. Petições foram assinadas às dúzias; milhares de nomes do mundo árabe, da Europa, da África e das Américas foram adicionados a essas listas diariamente; e, pela primeira vez, o direito de retorno foi colocado claramente na agenda política. Asaad Abdel-Rahman, o ministro da OLP responsável pela questão dos refugiados no processo de paz, fez recentemente declarações fortes e excelentes sobre o direito absoluto de retorno dos palestinos expulsos por Israel: essas declarações expressam o tipo correto de atitude e de indignação moral. "Afinal de contas", afirma Abdel-Rahman, "uma resolução da ONU (a de número 194) é reiterada anualmente desde 1948; ela concede aos palestinos o direito de retornar e/ou receber compensação. Por que deveriam os palestinos ceder, considerando que há unanimidade na comunidade internacional?" Até mesmo os Estados Unidos apoiaram a resolução, sendo Israel o dissidente solitário. O inquietante, contudo, é que Abdel-Rahman sugere que a liderança palestina poderia fazer um acordo com Israel sem ouvir a opinião dos refugiados que, em vista da longa história de desprezíveis compromissos arafatianos, cujo resultado foi trair seu povo, acaba sendo uma preocupação admissível, para não dizer plenamente justificada.

O certo é que será necessária uma grande parcela de engenhosidade, manipulação de informações e relações públicas e sofismas para convencer qualquer palestino que o acordo a ser concluído (como será) pela OLP não é, na prática, uma revogação do direito de retorno. Considere-se a lógica do que aconteceu desde 1991. Em toda grande questão separando os palestinos dos israelenses, foram os palestinos que cederam. É verdade que conquistaram pequenos ganhos aqui e ali, mas basta olhar o mapa de Gaza e da Cisjordânia, depois visitar aqueles lugares, ler os acordos e ouvir os israelenses e norte-americanos para se ter uma boa ideia do que aconteceu mediante compromissos, acordos desequilibrados e revogação da plena autodeterminação palestina. Tudo isso ocorreu porque a liderança palestina egoisticamente colocou seu próprio interesse, os exagerados esquadrões de guardas de segurança, os monopólios comerciais, a indecente persistência no poder, o despotismo ilegal, a ganância antidemocrática e a crueldade acima do bem geral palestino. Até agora, a Autoridade foi conivente com Israel, para deixar a questão dos refugiados deslizar para o esquecimento; mas agora que chegou o momento das definições, isso não é mais possível. E então, como eu disse antes, estamos de volta à contradição básica, irreconciliável e irremediavelmente interligada entre os nacionalismos palestino e israelense. Infelizmente, não tenho a mínima fé em que nossa liderança irá de fato manter sua fachada de resistência e continuar a deixar Abdel-Rahman e outros como ele levarem a mensagem adiante. Há sempre outro acordo tipo Abu Mazen–Yossi Beilin a ser feito, e se os israelenses podem "persuadir" os homens de Arafat de que Abu Dis é de fato Jerusalém, por que não poderiam também persuadi-los de que os refugiados somente terão de continuar sendo refugiados por um pouco mais de tempo? É claro que podem, e o farão.

Portanto, isso deixa no ar uma pergunta não respondida: irá o povo palestino como um todo – você e eu – aceitar esta cartada final que está sendo jogada contra nós, ou não? Infelizmente, o prognóstico de curto prazo não é bom: veja-se a oportunidade desperdiçada para impugnar a Autoridade, em novembro último, quando, depois que a petição dos vinte foi assinada, vários de seus signatários foram ilegalmente presos e os demais, ameaçados. Quase não houve repercussão e a Autoridade não foi responsabilizada por suas táticas de uso explícito de força. Arafat sobrevive dentro dos territórios palestinos hoje por duas razões principais: uma, porque ele é necessário para os defensores internacionais do processo de paz, dentre os quais estão Israel, Estados Unidos e União Europeia. Ele é necessário para assinar acordos, e isso, afinal de contas, é para o que ele serve. Nada mais: todo mundo sabe disso. Ele pode entregar seu povo. A segunda razão é que ele é um mestre em corromper até mesmo os melhores de seu povo; ele comprou ou ameaçou toda a oposição organizada (há sempre indivíduos que não podem ser cooptados) e portanto a eliminou como ameaça. O resto da população vive na incerteza e é desencorajada a reagir. A Autoridade emprega em torno de cento e quarenta mil pessoas; se multiplicarmos isso por cinco ou seis (o número de dependentes de cada empregado), teremos perto de um milhão de pessoas que têm seu meio de vida controlado por Iasser Arafat. Por mais que ele seja repudiado, desrespeitado e temido, sobreviverá politicamente enquanto tiver esse poder sobre um enorme número de pessoas, que não irão pôr em risco seu futuro só porque são governados por uma ditadura corrupta, ineficiente e estúpida, que não consegue sequer fornecer os serviços essenciais da vida cotidiana, como água, saúde, eletricidade, alimentação etc.

Resta a diáspora palestina, a mesma que produziu Arafat: foi do Kuwait e do Cairo que ele surgiu para desafiar Shukairy e Hajj Amin. Uma nova liderança provavelmente irá surgir entre os palestinos que vivem em outros países: eles são a maioria e não consideram que Arafat os representa. Todos consideram a Autoridade sem real legitimidade e são os que têm mais a ganhar com o direito de retorno: Arafat e seus homens, portanto, serão forçados a recuar. Devemos nos encorajar a fazer o trabalho de levantamento do número de refugiados e de suas aspirações, catalogar as perdas de propriedade, compilar a lista das vilas destruídas, levar adiante as reivindicações, como a petição que agora está sendo circulada por Badil. O extraordinário engenheiro e acadêmico Salman Abu Sitta já realizou grande parte do trabalho sobre propriedade e demografia; outros estão seguindo sua liderança, ou o apoiando. Ele trabalha inteiramente sozinho ou com a ajuda de amigos. Esperar que Iasser Arafat tire proveito de toda essa competência leal e comprometimento autêntico é, sem dúvida, um sonho irrealizável. O que ele fez foi encarregar um *think tank* de direita de Londres, o Adam Smith Institute – cujos serviços são pagos pelo British Foreign Office –, das negociações sobre o *status* definitivo da Palestina, e contratar uma firma de consultoria americana, a Arthur Andersen, para anunciar seus atrativos para investimentos. Nenhum outro grupo de libertação na história se vendeu para seus inimigos dessa forma. Temos todos um grande interesse em assegurar-nos de que esses desvios indignos irão fracassar, e que os poucos *experts* palestinos, que agora são cúmplices nesses acordos, irão recobrar os sentidos e deixar a Autoridade afundar no lamaçal a sua volta. E então, com novos líderes, apresentar a sério as reivindicações de retorno e de compensação.

Publicado originalmente em *Al-Ahram*, n. 468, de 10 a 16 de fevereiro de 2000.

Reflexões sobre a injustiça americana

Alguns dias atrás, a terceira funcionária das Nações Unidas responsável pelo programa Alimentos por Petróleo no Iraque, Jutta Purghardt, renunciou ao seu posto em protesto, precedida no mesmo sentimento de indignação e inutilidade pelos dois homens que haviam ocupado o cargo antes dela, Dennis Halliday e Hans von Sponeck, que também haviam renunciado. Tão terríveis são os resultados das sanções mantidas pelos Estados Unidos contra a população civil e a infraestrutura daquele país que nem mesmo um experimentado funcionário humanitário internacional pode tolerar a agonia daquilo que as sanções produziram. O número de perdas de vidas humanas a cada dia é, por si só, horrível demais para se considerar; mas tentar também imaginar o que as sanções estão fazendo para desfigurar o país por anos e anos futuros simplesmente vai além da capacidade de expressão. Seguramente o regime iraquiano parece pouco afetado pelas sanções, e a oposição iraquiana, cultivada pelos Estados Unidos no ritmo de 100 milhões de doláres, é algo que parece bastante engraçado. Um perfil de Ahman Chalabi, o líder de oposição, que aparece num recente suplemento de domingo do *The New York Times*, tem a intenção, creio eu, de equilibrar o atual desastre da política americana para o Iraque com a imagem de que supostamente está combatendo pelo futuro de seu país. Entretanto, o que se vê é a figura de um homem instável, de caráter duvidoso (procurado por desfalque na Jordânia), que, ao longo da matéria, não diz uma só palavra sobre os sofrimentos de seu povo, nem uma sílaba sequer, como se tudo isso fosse apenas detalhes em seu grandioso plano (algo bobo) para tentar tomar Basra e Mosul com mil homens.

A renúncia de Purghardt poderá trazer o tema das sanções de volta à consciência por algum tempo, da mesma forma que uma dura carta de objeção enviada por quarenta membros da Câmara dos Deputados a Madeleine

Albright sobre a crueldade e inutilidade da política que ela tem defendido tão veementemente. Mas, considerando a campanha presidencial agora em curso e as realidades da injustiça social e política americana ao longo dos anos, as sanções contra o Iraque provavelmente continuarão indefinidamente. O candidato republicano, George W. Bush, acabou de ganhar as primárias da Carolina do Sul basicamente apelando ao segmento mais fechado, inflexível e reacionário da população americana, a chamada direita cristã (cristã, nesse caso, sendo um adjetivo lamentavelmente inadequado aos sentimentos que esse grupo e seu candidato escolhido habitualmente expressam). E qual é a base do apelo de Bush? O fato de ele defender e simbolizar valores como a aplicação da pena capital a mais pessoas que qualquer outro governador na história, ou manter a maior população carcerária de qualquer Estado dos Estados Unidos.

É a crueldade e a injustiça organizada e legalizada do sistema americano que muitos dos cidadãos do país na prática verdadeiramente admiram e, nesta temporada eleitoral, querem que seus candidatos defendam e apoiem não apenas o machismo cínico de seus atos de violência aleatórios, como o bombardeio gratuito ao Sudão ou a ofensiva sádica da última primavera contra a Sérvia. Considere-se o seguinte: um relatório recentemente divulgado revela que, com 5 por cento da população do mundo, os Estados Unidos ao mesmo tempo têm vinte e cinco por cento da população mundial de prisioneiros. Dois milhões de americanos são mantidos em prisões, dos quais mais de quarenta e cinco por cento são negros, um número desproporcionalmente mais alto que a própria população negra (os Estados Unidos também consomem trinta por cento da energia do mundo e destroem uma porcentagem equivalente do meio ambiente da Terra). Durante o mandato de Bush como governador do Texas, o número de prisioneiros passou de quarenta e um mil para cento e cinquenta mil: ele se jacta desses números. Portanto, em vista dessa selvageria contemporânea contra seus próprios cidadãos, não é de surpreender que os pobres iraquianos, que sofrem a longa distância a fome, a ausência de escolas e hospitais, a devastação da agricultura e a infraestrutura civil, sejam submetidos a tanto.

Para compreender a continuada punição ao Iraque – e também para entender por que a sra. Albright foi tão "compreensiva" com o bombardeio totalmente injustificado e criminoso de alvos civis no Líbano –, deve-se prestar atenção a um aspecto da história norte-americana em grande parte esquecido ou desconhecido pelos árabes educados e por suas elites governantes, que continuam a falar da (e provavelmente acreditam nisso) imparcialidade dos Estados Unidos. O aspecto que tenho em mente é o tratamento contemporâneo da população afro-americana, que constitui cerca de vinte por cento da população, um número que não é insignificante. Antes de mais nada, há o grande episódio da escravidão. Só para se ter uma ideia de como esse fato estava deliberadamente enterrado sob a superfície da memória e cultura oficiais deste país, notemos que até os anos 1970 nenhum programa de literatura e história deu a menor atenção à cultura negra, à escravidão ou às realizações dos negros. Eu recebi toda a minha educação universitária entre 1953 e 1963 em literatura inglesa e americana, e tudo o que estudamos foram obras escritas e produzidas por homens brancos, exclusivamente. Nenhum Dubois, nenhuma narrativa dos escravos, nenhuma Zora Neal Hurston, nenhum Langston Hughes, nenhum Ralph Ellison, nenhum Richard Wright. Eu me lembro de ter perguntado a um ilustre professor de Harvard – que havia lecionado por trinta semanas consecutivas ou mais, ao longo do ano acadêmico, sobre duzentos e cinquenta anos de literatura americana, desde o pregador puritano do século XVII, Jonathan Edwards, até Ernest Hemingway –, por que ele não lecionou também sobre literatura negra. Sua resposta foi: "Não há literatura negra". Não havia estudantes negros quando estudei em Princeton e Harvard, nenhum professor negro, nenhum sinal de que toda a economia de metade do país havia sido sustentada por quase duzentos anos pela escravidão, nem que cinquenta ou sessenta milhões de pessoas foram trazidas para os Estados Unidos como escravos. O fato não valia a pena ser mencionado até que o movimento dos direitos civis surgiu e pressionou por mudanças na lei – até 1964, a lei americana discriminava abertamente as pessoas de cor –, como resultado de um movimento de massa liderado por homens e mulheres carismáticos. Mas vale a pena repetir que quando esses líderes se tornaram excessivamente visíveis e poderosos – Malcolm X, Paul Robeson, Martin Luther King sobretudo –, assim como politicamente radicais, o sistema tinha de destruí-los. Seja como for, há um museu do Holocausto em Washington, mas nenhum museu da escravidão, o que, considerando que o Holocausto ocorreu na Europa e a escravidão aqui, sugere o tipo de prioridades que ainda governam a cultura oficial dos Estados Unidos. Com certeza, deveria sempre haver lembranças da crueldade e da violência humanas, mas não deveriam ser tão seletivas a ponto de excluir as lembranças óbvias. De forma similar, nenhum museu em Washington lembra o extermínio do povo indígena nativo.

Como um monumento vivo à injustiça americana, portanto, temos os números inflexíveis do sofrimento social norte-americano. Em termos relativos, e, às vezes, mesmo absolutos, é de afro-americanos o maior número de desempregados, o maior número de evasões escolares, o maior número de sem-teto, o maior número de analfabetos, o maior número de viciados em drogas, o maior número de pessoas sem seguro de saúde, o maior número de pobres. Resumindo, de acordo com quaisquer índices socioeconômicos importantes, a população negra dos Estados Unidos, de longe o país mais rico da história, é a mais pobre, mais desprovida, a que mais suportou historicamente, em termos de opressão, discriminação e permanente negação. Isso não ocorre apenas, de forma alguma, com os afro-americanos pobres. Um teledocumentário recente sobre cantores de ópera negros, do qual participei, mostrava uma imagem feia da discriminação nua e crua, nos mais altos níveis. Só porque um cantor é negro, espera-se que atue na incrivelmente condescendente ópera de Gershwin *Porgy and Bess* (cada um dos cantores entrevistados no programa expressou um desprezo cordial pela ópera, que é sempre representada por trupes americanas itinerantes, até mesmo no Cairo, onde me lembro que foi apresentada no final dos anos 1950), e, quando lhes são dados papéis em obras como *Aida* – vista como essencialmente *ok* para pessoas de "cor", apesar de ter sido escrita por um compositor italiano que detestava o Egito (ver minha análise em *Culture and imperialism**) –, eles são vistos como inferiores pelos cantores brancos. Como disse Simon Estes, o ilustre barítono negro, no programa: se há dois cantores absolutamente iguais, um negro e um branco, o branco sempre irá ganhar o papel. Se o negro for muito melhor, ele ganhará o papel, mas receberá um salário menor!

Contra o pano de fundo de um sistema de perseguição tão depravado, não é de estranhar que, como não europeus, os árabes, muçulmanos, africanos e um punhado de outros infelizes recebam um tratamento tão secundário em termos de política exterior dos Estados Unidos. E não é de todo ilógico que o *The New York Times* apoie a sra. Albright por ser "compreensiva" com a violência de Israel contra os árabes. Um de seus editoriais, na época do bombardeio de Beirute, exigia "moderação" de ambos os lados, como se o exército libanês estivesse ocupando Israel, em vez do contrário. O mais impressionante disso tudo, como eu disse antes, é que ainda esperamos que os Estados Unidos nos livrem de nossas dificuldades, como um benigno Godot que está para aparecer numa armadura brilhante. A partir das minhas ferramentas de educador, eu estipularia para o mundo árabe que cada universidade exigisse que seus estudantes tivessem pelo menos dois cursos, não em história americana, mas em história americana não branca. Somente então iríamos compreender os mecanismos da sociedade norte-americana e sua política externa em termos de suas realidades profundas, em vez de sua retórica. E somente então nos dirigiríamos aos Estados Unidos e ao seu povo seletiva e criticamente, e não como suplicantes e requerentes humildes. Mais importante ainda, seríamos então capazes de obter apoio na luta do

---

* Ed. bras.: *Cultura e imperialismo*. São Paulo, Companhia das Letras, 1995.

povo afro-americano para conseguir igualdade e justiça. Compartilhamos com eles uma causa comum contra a injustiça, mas por alguma razão nossos líderes parecem não saber disso. Quando foi a última vez que um ministro das Relações Exteriores árabe em visita aos Estados Unidos se recusou explicitamente a se dirigir ao Conselho de Relações Exteriores em Nova York e Washington e solicitou, em vez disso, uma visita a uma importante igreja, universidade ou reunião afro-americana? Isso nunca acontecerá.

Publicado originalmente em *Al-Ahram*, n. 470, de 24 de fevereiro a 1º de março de 2000.

A LEI E A ORDEM

No ano passado, a cidade de Nova York foi abalada por três grandes crises que envolveram tanto o Departamento de Polícia quanto o prefeito Rudolph Giuliani, um direitista de pontos de vista extremistas e volúveis. As opiniões de Giuliani várias vezes lhe criaram sérios problemas com a população que o elegeu. No primeiro caso, Abner Louima, um negro haitiano, foi detido por um policial no Brooklin, levado à delegacia para interrogatório e, depois, violentamente espancado, sodomizado com uma garrafa e, por fim, hospitalizado com vários ossos quebrados, incluindo a mandíbula. No julgamento, o policial que confessou ter infligido os ferimentos em Louima, um tal Justin Volpe, foi sentenciado a trinta anos de prisão, e seus três cúmplices foram considerados culpados de obstrução da justiça num julgamento civil posterior. O segundo caso foi o assassinato de Amadou Diallo, um guineense desarmado, por policiais brancos, que dispararam quarenta e um tiros nele (dos quais dezenove chegaram ao alvo) porque acharam que ele estava armado. Todos foram absolvidos, para a surpresa da cidade. O terceiro caso, e em certo sentido mais inflamatório, devido ao apoio de Giuliani aos policiais envolvidos, se relacionava com o assassinato de Patrick Dorisman, um negro de 21 anos, desarmado, que foi baleado na porta de sua casa sem qualquer motivo aparente. Sem justificativa, o prefeito divulgou para a imprensa o histórico policial de Dorisman – o jovem havia sido preso e absolvido por agressão e posse de maconha –, com o intuito de justificar o ato da polícia, mesmo sabendo que era perfeitamente óbvio que os policiais brancos que fizeram os disparos não poderiam ter conhecimento prévio dos antecedentes criminais de Dorisman.

O que é perturbador em todos os três assassinatos não é somente o fato de envolverem negros levando tiros de policiais brancos, mas que Giuliani parecia demonstrar mais simpatia pelos policiais do que por suas vítimas. Numa sociedade racialmente dividida como essa, vale a pena notar que a reputação política de Giuliani foi balizada, desde a sua posse, no fato de que Nova York tinha a fama de ser um lugar violento e perigoso (em grande parte porque era sabido que continha uma grande população não branca de indivíduos essencialmente pobres), uma imagem que seu governo mudou totalmente. É certamente verdade que Nova York agora se tornou uma das cidades mais seguras do país: Giuliani aumentou o orçamento da polícia, colocou milhares de policiais adicionais nas ruas e – mais significativo ainda – promoveu medidas duras contra os indesejáveis da cidade, como, por exemplo, os pobres, as minorias, os sem-teto etc. Como resultado, começou-se a presumir que qualquer um que não fosse branco nem de classe média deveria se preocupar com sua segurança, já que a polícia foi encorajada a prender ou pelo menos deter indivíduos "suspeitos" com relativa confiança de que seriam premiados por isso, e não punidos por suas ações. Parte dessa estratégia foi colocar policiais brancos de maneira um tanto provocadora nas ruas do Harlem, como se fosse para dizer aos habitantes daquele bairro: "aqui estamos nós, quer vocês gostem ou não". O caso Diallo em particular provocou a ira da comunidade negra; e o assassinato de Dorisman, dadas as lamentáveis proclamações de Giuliani em favor de sua *execução*, por assim dizer, atiçou as chamas da guerra racial.

Mas Nova York não está sozinha na questão da brutalidade policial. Em Los Angeles – outra cidade enorme, com uma considerável população de minorias –, policiais na área do Ramparts atraíram a atenção por seus métodos brutais, não apenas por causa de sua violência, mas também porque a mídia revelou que, além da intimidação, a polícia também se envolveu em venda de drogas e extorsão, durante o suposto cumprimento da lei e da ordem. Assim, o sistema carcerário americano está explodindo com um grande número de negros injustamente perseguidos, cujos "crimes" são dubiamente denunciados por policiais que alegam estar agindo em nome da sociedade, para proteger a maioria de uma já oprimida e sofredora minoria.

Todo governo se reserva o monopólio da coerção, mas nos Estados Unidos os cidadãos também têm o direito constitucional de portar armas para sua própria defesa. Esse é o motivo pelo qual o debate sobre a posse de armas – que é a mais alta *per capita* do mundo – é intenso, e porque também os horríveis incidentes, nos quais crianças matam umas às outras nas escolas, são tão assustadoramente frequentes. Para um país que prega contra a violência e o "terrorismo" em todo o mundo, ser mais violento que qualquer outra nação do planeta é algo profundamente contraditório. E que funcionários eleitos como Giuliani se jactem de estar eliminando o crime ao incitar a polícia a mais violência, em vez de menos violência, é algo terrível. O fato é que desde os anos Nixon a expressão "a lei e a ordem" adquiriu um *status* de *slogan* de direita. Ela apareceu pela primeira vez durante a convenção do Partido Democrático em Chicago, em 1968, quando as manifestações associadas aos protestos contra a Guerra do Vietnã foram brutalmente esmagadas pela polícia daquela cidade, que agia de acordo com o princípio da lei e da ordem. Desde então, divergências, debates e protestos – como em Seattle durante as manifestações de novembro de 1999 contra a Organização Mundial do Comércio – foram reprimidos pelas forças da lei e da ordem, assim como o foram também as ações em nome da integração, do direito ao aborto e os protestos contra a guerra. A ideia implícita é que qualquer coisa que o governo faça traz consigo a autoridade da retidão. Portanto, até mesmo abusos, como o assassinato de negros desarmados, podem ser hipocritamente atribuídos à necessidade de manter a lei e a ordem.

No contexto americano, portanto, "a lei e a ordem" têm que ver com uma interpretação da lei e da ordem que favorece as correntes fortes, abastadas e conservadoras da sociedade, quer estejam no governo, quer não. Isso ficou perfeitamente evidente durante os debates ao longo da campanha presidencial em curso: George Bush Jr. é o candidato da lei e da ordem, Al Gore não. A noção, no fundo, é que a polícia está lá para proteger interesses adquiridos da sociedade e para garantir que a mudança social ocorra muito lentamente, se tanto. Isso ocorre porque as minorias que lutam, em particular, associam a polícia com o bloqueio de sua marcha em direção à igualdade e ao avanço econômico.

Em sociedades não democráticas, como as que existem em grande parte do Terceiro Mundo, a polícia também é associada à noção de lei e ordem, exceto que lei e ordem é uma expressão que implica a defesa do governo, que em outras circunstâncias cairia se não fosse pelos batalhões de policiais, guardas republicanas, segurança presidencial e assim por diante. Isso é, com certeza, o caso do mundo árabe em que, até onde posso me lembrar, a polícia – exceto os guardas de trânsito – é imediatamente identificada na mente popular com interrogatório, tortura, detenções injustas, vigilância, espionagem e crueldade. Pensem no medo que vem à mente de qualquer um quando enfrenta um funcionário de segurança de um aeroporto: esta não é uma experiência burocrática, mas sim um confronto com o próprio regime. É altamente significativo que na maioria dos países árabes o principal símbolo da eficiência impiedosa não seja o cobrador de impostos ou o sistema legal, mas o aparato de segurança. Quem tem os carros mais modernos, telefones, armas e quem é o mais bem vestido, privilegiado e mimado? São sempre as equipes de segurança, que têm como trabalho principal garantir a vida do governante, seu regime e seus interesses, independentemente de isso coincidir com os interesses da população ou não. Não há direito a apelação para o cidadão comum se ele ou ela for apanhado e levado à prisão para "interrogatório". Toda a ideia transmitida aos cidadãos de tantas de nossas repúblicas "democráticas" ou "revolucionárias" (e certamente das monarquias) é que a polícia está lá para inculcar o medo em todo mundo, para impedir atentados contra os regimes, em vez de proteger os interesses de um segmento favorecido da população. Mas, enquanto numa democracia é possível mudar o governo e seus métodos através de eleições, em nosso caso tal opção não existe.

O resultado tem sido que o terror substituiu a ideia da lei e da ordem, o terror que pode atingir qualquer cidadão imprudente ou desatento. Pelo mesmo critério, os exércitos não existem necessariamente para lutar contra um inimigo (apesar de grandes quantias gastas em munições, forças aéreas e artilharia pesada, em grande medida desnecessária), mas sim para confrontar a população – caso ela nutra planos de mudança democrática – e, é claro, para dar grandes lucros aos intermediários nas vendas de armas. No fim das contas, acontece que, infelizmente, uma aliança objetiva se desenvolveu entre muitas forças de segurança não ocidentais e as dos Estados Unidos, onde, paradoxalmente, a mesma situação distorcida não ocorre de fato, e a polícia está sujeita à lei, assim como às juntas de revisão de cidadãos, às eleições e assim por diante.

A chave para conter a brutalidade policial, onde quer que ocorra, é a cidadania, a noção de que todos os cidadãos de uma sociedade – incluindo as forças policiais e de segurança – têm direito aos mesmos privilégios e obrigações, e que estes estão sujeitos a constantes revisões e reinterpretações. O discurso político no mundo árabe está tão envolto em questões de segurança contra inimigos externos (como Israel, o imperialismo etc.) que nenhuma atenção foi dada à lamentável ausência de processos realmente democráticos dentro de nossas sociedades. Tudo nessas sociedades sofreu como resultado da educação ao sistema legal, à cultura intelectual, às instituições civis e políticas. À medida que os dias passam, a situação piora e, por motivos que deveriam nos envergonhar profundamente, o mundo árabe é a única parte do globo a aparentar que vive fora do tempo e do espaço. Afirmei num artigo anterior que Godot não virá e que não vale a pena ficar esperando por um salvador. O problema da lei e da ordem, como todos os outros problemas, foi criado por nós, e sua única solução também deve ser encontrada por nós.

Publicado originalmente em *Al-Ahram*, n. 476, de 6 a 12 de abril de 2000.

Problemas do neoliberalismo

Na década seguinte à queda da União Soviética, a maior parte do mundo está nas garras de uma ideologia que tem, atualmente, sua maior personificação na disputa à presidência dos Estados Unidos. Sem desejar listar aqui as várias questões que separam os dois principais candidatos, eu gostaria de apontar rapidamente o que os aproxima e os torna, em muitos aspectos, a imagem um do outro. Como afirmei em meu último artigo (*Al-Ahram Weekly*, 24-30 de agosto), ambos acreditam, fervorosa e inquestionavelmente, no sistema corporativo de livre mercado. Ambos defendem o que denominam de Estado mínimo; opõem-se ao governo "grande"; e juntos empreendem uma campanha contra o Estado de bem-estar social, que começou duas décadas atrás com Margaret Thatcher e Ronald Reagan. É essa continuidade de vinte anos que eu gostaria de descrever, em contraposição à emergência e hegemonia do neoliberalismo, uma doutrina que quase transformou totalmente o Partido Trabalhista inglês (agora chamado de New Labour) e o Partido Democrata americano, encabeçados por Clinton e Gore. O dilema com o qual todos nós deparamos como cidadãos é que, com algumas poucas exceções aqui e acolá (em sua maioria, desastres econômicos, isolados e desesperados, como a Coreia do Norte e Cuba, ou, então, alternativas que são inúteis como modelos viáveis para serem seguidos por outros países), o neoliberalismo aprisionou o mundo com suas garras, com graves consequências para a democracia e o meio ambiente, consequências que não podem ser subestimadas nem deixadas de lado.

O socialismo de Estado, da forma como foi praticado na Europa Oriental, China e alguns outros poucos países da África e Ásia, mostrou-se incapaz de competir com o vigor e a inventividade do capital financeiro globalizado, que conquistou mais mercados, prometeu rápida prosperidade e empolgou um grande número de pessoas, que consideravam o controle estatal como equivalente ao subdesenvolvimento, à burocracia e à supervisão repressiva da vida cotidiana. Assim, a União Soviética e a Europa Oriental se tornaram capitalistas e um novo mundo nasceu. Mas quando as doutrinas do livre mercado se voltaram contra os sistemas de seguro social, como aqueles que sustentaram a Grã-Bretanha no período do pós-guerra e os Estados Unidos desde o New Deal de Franklin Delano Roosevelt, uma enorme transformação social estava prestes a ocorrer. Discutirei isso daqui a pouco. É importante, contudo, fazer um esforço para recordar aquelas políticas genuinamente progressistas, que em certo momento produziram uma condição relativamente nova de igualdade democrática e benefícios sociais generalizados, todos administrados e financiados por um Estado central. Foram eles que deram força à Grã-Bretanha do pós-guerra e aos Estados Unidos nos anos 1940 e 1950. Os impostos, portanto, eram relativamente altos para os ricos, apesar de as classes trabalhadoras e médias também terem de pagar pelos benefícios que obtiveram (principalmente educação, saúde e seguro social). Muitos desses benefícios foram o resultado de um sistema sindical dinâmico e bem organizado. Ao mesmo tempo, contudo, havia também a ideia dominante de que o cidadão, individualmente, não poderia pagar sozinho, por exemplo, pelos altos custos da educação e saúde, que deveriam ser subsidiados pelo corpo do Estado de bem-estar social. No começo dos anos 1990, tudo isso não só estava sendo atacado, mas já havia começado a desaparecer.

Primeiro, os sindicatos foram dissolvidos ou quebrados (os mineiros britânicos e os controladores aéreos americanos). Seguiu-se a privatização dos principais serviços públicos, como transportes e educação, assim como a indústria pesada, principalmente na Europa. Nos Estados Unidos (onde, exceto pelos serviços públicos, a maior parte das indústrias já estava em mãos privadas, mas os preços eram controlados pelo governo, no setor de serviços básicos), a desregulamentação estava na ordem do dia. Isso significava que o governo não iria mais desempenhar a função de garantir que os preços das viagens, produtos básicos, saúde, educação ou de serviços, como gás e eletricidade, se mantivessem dentro de certos limites. O mercado deveria ser o novo regulador, o que significava que os custos e os lucros de companhias aéreas, hospitais, companhias telefônicas, e, mais tarde, de gás, eletricidade e água seriam deixados ao arbítrio das companhias privadas, frequentemente causando um sacrifício financeiro considerável para o consumidor individual. Logo, até mesmo o serviço postal e uma grande parte do sistema carcerário também foram privatizados e desregulamentados. Na Grã-Bretanha, o thatcherismo destruiu o sistema universitário, já que considerava cada instituição universitária apenas como fornecedora de conhecimento. Assim, como um negócio, em termos de perdas e ganhos, tendia a dar prejuízo, em vez de lucro. Muitas cadeiras de professores foram cortadas, resultando numa perda extraordinária no moral e na produtividade e fazendo com que milhares de professores de ensino médio e superior fossem procurar empregos em outros países.

Com o colapso do socialismo no mundo inteiro e o triunfo de partidos e políticas de direita agressivas – como aquelas encabeçadas por Reagan e Thatcher –, os velhos liberais que restaram no Partido Trabalhista inglês e no Partido Democrata americano tinham apenas duas alternativas. A primeira era se aproximar das políticas de direita mais bem-sucedidas. A segunda, escolher uma abordagem que protegeria os velhos serviços, mas tornando-os mais eficientes. Tanto os *new labourites* britânicos, sob Tony Blair, como os democratas americanos, liderados por Bill Clinton, escolheram o último caminho (se aproximando da direita), mas habilmente mantiveram a mesma retórica do passado, fingindo que muitos dos serviços de bem-estar social que o Estado fornecia ainda estavam lá, mesmo que numa embalagem diferente.

Mas isso era simplesmente falso. A desregulamentação e a privatização continuaram e o resultado foi que o desejo pelo lucro dominou completamente o setor público. Investimentos orçamentários para o bem-estar social, escolas e serviços de saúde para os pobres e idosos foram eliminados; por outro lado, a defesa, a lei e a ordem (por exemplo, a polícia e as prisões) começaram a receber mais dinheiro estatal e/ou foram privatizadas. A maior perda ocorreu nas práticas democráticas e sociais. Já que, quando o país é governado pelo mercado (nos Estados Unidos, um período de grande prosperidade para a metade mais rica do país e de pobreza para a outra metade) e com o Estado de fato entregue às maiores corporações e companhias financeiras (fato simbolizado por um enorme crescimento nos negócios eletrônicos), há cada vez menos incentivos para o cidadão individual participar de um sistema visto basicamente como fora de controle no que diz respeito à população comum. O preço desse sistema neoliberal tem sido pago pelo cidadão individual, que se sente deixado de lado, sem poder, alienado de um mercado que é dirigido pela ganância, por imensas corporações transnacionais e por um governo à mercê daquele que lhe pague mais. Dessa forma, as eleições não são controladas pelo eleitor individual, mas sim pelos maiores contribuidores das campanhas, pela mídia (que tem um interesse em manter o sistema) e pelo setor corporativo.

O mais desencorajador é o sentimento que tem a maioria das pessoas de que não só não há alternativa, mas que este é o melhor sistema já imaginado, o triunfo do ideal da classe média, uma democracia humanitária e liberal – ou, como disse Francis Fukuyama, o fim da história. As desigualdades são simplesmente eliminadas do cenário. A degradação do meio ambiente e a pauperização de grandes porções da Ásia, África e América Latina – o chamado Sul – são menos importantes que os lucros das corporações. O pior de tudo isso é a perda de iniciativa, que poderia trazer uma mudança significativa. Não sobrou praticamente ninguém para contestar a ideia neoliberal de que escolas, por exemplo, devem ser administradas como empresas que devem dar lucro ou que hospitais têm de oferecer seus serviços apenas para aqueles que podem pagar os preços estabelecidos pelas companhias farmacêuticas e pelos contadores. O desaparecimento da condição de bem-estar social significa que não deve haver mais nenhuma agência pública para salvaguardar o bem-estar pessoal dos fracos, dos excluídos, das famílias empobrecidas, das crianças, dos deficientes e dos idosos. O novo liberalismo fala sobre oportunidades "livres" e "iguais". Mas se, por alguma razão, o indivíduo não for capaz de se manter no topo, ele irá afundar. O que desapareceu foi a noção de que os cidadãos devem ter direitos – o direito, garantido pelo Estado, à saúde, à educação, à moradia e às liberdades democráticas. Se todos esses direitos se tornarem uma presa do mercado globalizado, o futuro será extremamente inseguro para a grande maioria das pessoas, apesar da retórica tranquilizadora (mas profundamente enganosa) de preocupação e bondade disseminada pelos gerentes da mídia e *experts* em relações públicas que controlam o discurso público.

    A questão agora é saber quanto tempo mais o neoliberalismo irá durar. Já que, se o sistema global começar a quebrar, se cada vez mais pessoas sofrerem as consequências da escassez dos serviços sociais e se cada vez mais a falta de poder caracterizar o sistema político, a crise irá começar a emergir. Aí, então, as alternativas serão uma necessidade, mesmo que no atual momento ainda nos digam que "nunca estivemos tão bem!" Quanto mais sofrimento social poderemos tolerar antes que a própria necessidade de mudança cause a mudança? Esta é a mais importante questão política do nosso tempo.

Publicado originalmente em *Al-Ahram*, n. 498, de 7 a 13 de setembro de 2000.

Sionismo norte-americano:
o verdadeiro problema

Este é o primeiro de uma série de artigos* sobre a avaliação incorreta e mal compreendida do papel que o sionismo norte-americano desempenha na questão da Palestina. Na minha opinião, o papel dos grupos sionistas organizados nos Estados Unidos e de suas atividades não foi suficientemente discutido durante o período do "processo de paz", uma omissão que considero absolutamente espantosa, considerando que a política da Autoridade Palestina tem sido essencialmente jogar nosso destino como povo nas mãos dos Estados Unidos, sem qualquer percepção estratégica de como a política americana é na prática dominada, se não completamente controlada, por uma minoria de pessoas, cujos pontos de vista sobre a paz no Oriente Médio são, até certo ponto, mais extremos do que os do próprio Likud israelense.

Deixem-me dar um pequeno exemplo. Um mês atrás, o jornal israelense *Ha'aretz* enviou um de seus principais colunistas, Ari Shavit, para conversar comigo por vários dias; um bom resumo dessa longa conversa foi publicado como entrevista, no formato "perguntas e respostas", na edição de 18 de agosto de um suplemento do mesmo jornal, basicamente sem cortes nem censura. Expressei minhas opiniões muito francamente, dando grande ênfase ao direito de retorno, aos eventos de 1948 e à responsabilidade de Israel por tudo isso. Fiquei surpreso em ver que minhas opiniões foram apresentadas da forma como eu as expressei, sem nenhuma edição por parte de Shavit, cujas perguntas foram sempre corteses e não confrontacionistas.

---

* O segundo artigo da série consta desta obra sob o título "Mais sobre o sionismo norte--americano", na p. 97.

Uma semana depois da entrevista, foi publicada uma resposta, escrita por Meron Benvenisti, ex-vice-prefeito de Jerusalém durante o mandato de Teddy Kollek. Era repugnantemente pessoal, cheia de insultos e calúnias contra mim e minha família. Mas ele nunca negou que existisse um povo palestino ou que nós havíamos sido expulsos em 1948. Na realidade, disse, "nós os vencemos" e "por que, então, deveríamos nos sentir culpados?" Respondi a Benvenisti uma semana mais tarde no *Ha'aretz*. O que eu escrevi também foi publicado sem cortes. Lembrei aos leitores israelenses que Benvenisti havia sido o responsável pela destruição (e provavelmente sabia do assassinato de vários palestinos) de Haret Al-Maghariban, em 1967, quando várias centenas de palestinos perderam seus lares, derrubados pelos tratores israelenses. Mas não precisei lembrar a Benvenisti ou aos leitores do *Ha'aretz* que nós existíamos como um povo e podíamos, pelo menos, debater nosso direito de retornar. Isso era aceito sem discussão.

Aqui, devo fazer duas observações. A primeira é que a entrevista completa não poderia ter aparecido em nenhum jornal americano e, certamente, em nenhum jornal judaico-americano. E se, por acaso, me tivessem entrevistado, as perguntas teriam sido hostis, provocadoras e insultantes, como por exemplo: "Por que você esteve envolvido com o terrorismo?", "Por que você não reconhece Israel?", "Por que Hajj Amim é um nazista?", e assim por diante. A segunda é que um sionista israelense de direita como Benvenisti – não importa o quanto ele possa detestar a mim ou as minhas opiniões – não negaria que exista um povo palestino que foi forçado a partir em 1948. Já um sionista americano insistiria que não houve conquista alguma ou, como Joan Peters alegou num livro agora já completamente esquecido, *From Time Immemorial* (De tempos imemoriais), de 1984 (que ganhou todos os prêmios judaicos quando foi publicado aqui), não havia palestinos vivendo na Palestina antes de 1948.

Qualquer israelense admite prontamente e está plenamente ciente de que todo território de Israel já foi da Palestina em certo momento e que (como Moshe Dayan disse abertamente em 1976) cada cidade e vilarejo israelense tiveram anteriormente um nome árabe. E Benvenisti diz abertamente: "nós conquistamos, e daí? Por que deveríamos nos sentir culpados pela vitória?" O discurso dos sionistas americanos não é nunca direto e honesto dessa forma: ele tem sempre de usar circunstâncias e falar de fazer florescer o deserto, da democracia israelense etc., evitando totalmente os fatos essenciais em relação a 1948, que todo israelense na prática viveu. Para os americanos, essas são quase só fantasias ou mitos, e não realidades. Tão descolados estão os defensores norte-americanos de Israel da realidade, tão absortos nas contradições da culpa diaspórica (afinal de contas o que significa ser sionista e não emigrar para Israel?)

e do triunfalismo como a mais bem-sucedida e mais poderosa minoria dos Estados Unidos, que o que emerge é muito comumente uma assustadora mistura de violência vicária contra os árabes e um profundo temor e ódio por eles, que é o resultado – diferentemente do que ocorre entre os judeus israelenses – de não ter qualquer contato direto permanente com eles.

Para os sionistas americanos, portanto, os árabes não são seres reais, mas fantasias de quase tudo o que pode ser demonizado e desprezado, em especial o terrorismo e o antissemitismo. Recentemente recebi uma carta de um ex-aluno meu, que teve o privilégio de ter recebido a melhor educação disponível nos Estados Unidos: ele, mesmo assim, pode ser capaz de perguntar, com toda a honestidade e educação, por que eu, como palestino, permitia que um nazista como Hajj Amin continuasse a determinar minha agenda política. "Antes de Hajj Amin", ele argumentou, "Jerusalém não era importante para os árabes. Ele tornou isso uma questão importante para os árabes só para frustrar as aspirações sionistas, que sempre consideraram Jerusalém importante. Por isso era um homem mau". Essa não é a lógica de alguém que viveu com os árabes e que sabe algo de concreto sobre eles. É de uma pessoa que repete um discurso estabelecido e é movida por uma ideologia que vê os árabes apenas com funções negativas, como a personificação de paixões antissemitas violentas. E que, portanto, devem ser combatidos e se possível eliminados. Não é por nada que o dr. Baruch Goldstein, o aterrador assassino de vinte e nove palestinos que silenciosamente rezavam numa mesquita de Hebron, era norte-americano, assim como o rabino Meir Kahane. Longe de serem aberrações que envergonham seus seguidores, tanto Kahane como Goldstein são reverenciados hoje em dia por outros como eles. Muitos dos mais zelosos colonos de ultradireita que ocupam a terra palestina, que falam sem remorsos da "terra de Israel" como sendo deles, que odeiam e ignoram os proprietários e os residentes palestinos a sua volta, são também nascidos nos Estados Unidos. Vê-los caminhando pelas ruas de Hebron, como se aquela cidade árabe fosse inteiramente sua, é uma visão assustadora, agravada pela atitude de provocação e desprezo que demonstram abertamente contra a maioria árabe.

Eu trago tudo isso à tona para salientar um ponto essencial. Quando, depois da guerra do Golfo, a OLP tomou a decisão estratégica – já assumida por dois importantes países árabes antes da Organização – de trabalhar com o governo norte-americano e, se possível, com o poderoso *lobby* que controla a discussão sobre a política relativa ao Oriente Médio, seus dirigentes tomaram essa decisão (assim como haviam feito os dois Estados árabes anteriormente) na base de uma vasta ignorância e de suposições extremamente equivocadas. A ideia, como me foi expressada logo depois de 1967 por um qualificado diplomata árabe, era, na prática, se render e dizer: "Não vamos mais lutar. Estamos agora dispostos a aceitar Israel e também o papel determinante dos Estados Unidos em nosso futuro". Havia razões objetivas para tal ponto de vista naquela época, assim como há hoje, para crer que continuar a lutar, como os árabes têm feito historicamente, levaria a novas derrotas e até mesmo ao desastre. Mas acredito que seria equivocado simplesmente entregar a política árabe nas mãos dos Estados Unidos e, como as principais organizações sionistas são tão influentes em todo aquele país, também em suas mãos. Essa política árabe afirma, na prática: "Não iremos lutar contra vocês; deixe-nos unir a vocês, mas, por favor, nos tratem bem". A esperança era de que, se admitíssemos a derrota e disséssemos "não somos seus inimigos", como árabes, nos tornaríamos seus amigos.

O problema é com a disparidade do poder remanescente. Do ponto de vista dos poderosos, que diferença faz para sua própria estratégia se seu fraco adversário desiste e diz que não tem nada mais por que lutar? E diz "me aceite, quero ser seu aliado. Apenas tente me compreender um pouco melhor e então talvez você seja mais justo?" Uma boa maneira de responder a essa questão em termos concretos e práticos é olhar para os últimos desdobramentos na corrida para o Senado em Nova York e ver Hillary Clinton competindo com o republicano Ric Lazio pela cadeira de Daniel Patrick Moynihan (D), que está se aposentando. No ano passado, Hillary disse que era a favor do estabelecimento de um Estado palestino e, numa visita formal a Gaza com seu marido, abraçou Soha Arafat. Desde que entrou na corrida para o Senado em Nova York, ela superou até mesmo os mais ultradireitistas sionistas em seu fervor por Israel e em sua oposição à Palestina, chegando a ponto de defender a mudança da embaixada dos Estados Unidos de Tel-Aviv para Jerusalém e (mais extremo) defendendo clemência para Jonathan Pollard, o espião israelense condenado por espionagem contra os Estados Unidos e que agora cumpre prisão perpétua. Seus rivais republicanos tentaram embaraçá-la ao descrevê-la como uma "adoradora de árabes" e ao divulgar uma fotografia sua abraçando Soha. Como Nova York é a fortaleza do poder sionista, atacar alguém com rótulos como "adoradora de árabes" e "amiga de Soha Arafat" é o pior insulto possível. Tudo isso apesar de Arafat e a OLP serem aberta e declaradamente aliados dos americanos, beneficiários da ajuda militar e financeira dos Estados Unidos, e no campo da segurança, do apoio da CIA. Nesse meio tempo, a Casa Branca divulgou uma foto de Lazio apertando a mão de Arafat dois anos atrás. Um golpe certamente merece outro.

A verdade é que o discurso sionista é o discurso do poder, e os árabes, nesse discurso, são objetos do poder e desprezados. Tendo se colocado nas mãos desse poder, na posição de um ex-inimigo que se rendeu, eles não podem jamais esperar ficar em termos de igualdade com ele. Daí o espetáculo degradante e insultante de Arafat (sempre e para sempre símbolo de hostilidade para a mente sionista) sendo usado numa disputa inteiramente local nos Estados Unidos entre dois oponentes que estão tentando provar qual dos dois é mais pró-israelense. E Hillary Clinton e Ric Lazio nem sequer são judeus.

O que vou discutir em meu próximo artigo é como a única estratégia política possível de aplicar nos Estados Unidos – no que diz respeito à política árabe e palestina – não é nem um pacto com o sionistas daqui nem com a política norte-americana, mas sim uma campanha de massa, mobilizada e dirigida para a população norte-americana em nome dos direitos humanos, civis e políticos dos palestinos. Todos os outros arranjos, seja Oslo ou Camp David, estão destinados ao fracasso porque, colocado de forma simples, o discurso oficial é totalmente dominado pelo sionismo e, a não ser por algumas exceções individuais, não há qualquer alternativa. Portanto, todos os acordos de paz negociados sobre a base de uma aliança com os Estados Unidos apenas confirmam, em vez de confrontar, o poder sionista. Submeter-se passivamente a uma política para o Oriente Médio controlada pelos sionistas – como os árabes vêm fazendo há quase uma geração – não trará nem estabilidade em casa nem igualdade e justiça nos Estados Unidos.

Ainda assim, a ironia é que existe, dentro dos Estados Unidos, uma grande parcela da opinião pública pronta para tomar uma posição crítica, tanto diante da política de Israel quanto da dos Estados Unidos. A tragédia é que os árabes são muito fracos, divididos, desorganizados e ignorantes para tirar vantagem disso. Também vou discutir as razões disso em meu próximo artigo, já que tenho a esperança de atingir uma nova geração que deve estar intrigada e desencorajada pela posição lamentável e desmoralizada em que se encontram atualmente nossa cultura e nosso povo, e pelo constante sentimento de indignação, humilhação e perda que todos nós vivenciamos como resultado disso.

Publicado originalmente em *Al-Ahram*, n. 500, de 21 a 27 de setembro de 2000.

Mais sobre o sionismo norte-americano

Um episódio pequeno e potencialmente embaraçoso ocorreu desde que escrevi meu último artigo sobre este tema* duas semanas atrás. Martin Indyk, o embaixador dos Estados Unidos em Israel (pela segunda vez durante o governo Clinton), teve sua credencial de segurança diplomática retirada abruptamente pelo Departamento de Estado. A versão divulgada é que ele usou seu computador *laptop* sem utilizar as medidas de segurança apropriadas, e portanto pode ter revelado informações ou tê-las divulgado para pessoas não autorizadas. Como resultado, agora ele não pode entrar ou sair do Departamento de Estado sem um acompanhante, não pode permanecer em Israel e deve ser submetido a uma investigação completa.

Talvez nunca venhamos a saber o que realmente aconteceu. Mas, para começar, o que é de conhecimento público e que não obstante não foi discutido na mídia é o escândalo da indicação de Indyk. Na véspera da posse de Clinton, em janeiro de 1993, foi anunciado que Martin Indyk, nascido em Londres, e cidadão australiano, foi declarado cidadão americano a pedido expresso do presidente eleito. O processo apropriado não foi seguido: foi um ato imperial de privilégio do executivo autoritário, para que, depois de ter recebido a cidadania americana, Indyk pudesse se tornar imediatamente membro da equipe do Conselho de Segurança Nacional responsável pelo Oriente Médio. Isso, creio eu, foi o verdadeiro escândalo, e não a subsequente falta de cuidado e indiscrição de Indyk ou até mesmo sua cumplicidade em ignorar códigos oficiais de conduta. Pois, antes de vir a integrar o núcleo do governo americano numa posição muito importante e de caráter essencialmente secreto,

---

* Ver "Sionismo norte-americano: o verdadeiro problema", p. 92.

Indyk foi o chefe do Washington Institute for Near East Policy, um *think tank* semiacadêmico que se engajava numa defesa ativa de Israel, e coordenava seu trabalho com o do Aipac (o Comitê de Relações Públicas Israelense-Americano), o mais poderoso e temido *lobby* de Washington. Vale a pena lembrar que antes de integrar o governo Bush, Dennis Ross, o consultor do Departamento de Estado que tem liderado o processo de paz conduzido pelos americanos, foi também chefe do Washington Institute, de forma que o trânsito entre o *lobby* israelense e a política americana para o Oriente Médio é não só extremamente regular, mas também regulado.

O Aipac tem sido, por anos, tão poderoso não apenas porque se apoia numa população judaica bem organizada, bem conectada, altamente visível, bem--sucedida e abastada, mas porque, em geral, há muito pouca resistência a ele. Há um saudável temor e respeito pelo Aipac em todo o país, mas especialmente em Washington, onde em questão de horas o Senado quase inteiro pode ser conduzido a assinar uma carta ao presidente em favor de Israel. Quem irá se opor ao Aipac e continuar a ter uma carreira no Congresso, ou resistir a ele em favor, digamos, da causa palestina, quando nada concreto pode ser oferecido por aquela causa a alguém que enfrente o Aipac? No passado, um ou dois membros do Congresso resistiram ao Aipac abertamente, mas logo depois sua reeleição foi bloqueada pelos muitos comitês de ação políticos controlados pelo Aipac, e assunto encerrado. O único senador que tinha alguma coisa remotamente semelhante a uma resistência ao Aipac era James AbuRezk, mas ele não queria ser reeleito e, por razões pessoais, renunciou ao final de seu mandato de seis anos.

Não há agora, nos Estados Unidos, um só comentarista político que seja absolutamente claro e aberto em sua resistência a Israel. Alguns colunistas liberais como Anthony Lewis, do *The New York Times*, ocasionalmente escrevem uma crítica às práticas de ocupação israelenses, mas nunca nada é dito sobre 1948 e toda a questão da expropriação original palestina que está na raiz da existência de Israel e seu comportamento posterior. Num artigo recente, o ex-funcionário do Departamento de Estado Henry Pracht notou uma espantosa unanimidade de opinião em todos os setores da mídia americana, como cinema, televisão, rádio, jornais, semanários, mensários, quadrimestrais e diários: todo mundo mais ou menos segue a linha oficial de Israel, que se tornou a linha oficial norte-americana. Essa é a coincidência que o sionismo norte-americano conseguiu ao longo dos anos desde 1967 e que explora na maior parte do discurso público sobre o Oriente Médio. Portanto, a política dos Estados Unidos é igual à política israelense, exceto nas raras ocasiões (por exemplo, no caso Pollard) em que Israel passa dos limites e presume que tem o direito de se servir do que quiser.

A crítica às práticas de Israel é portanto estritamente limitada a ataques ocasionais, que são tão pouco frequentes e que se tornam quase literalmente invisíveis. O consenso geral é praticamente impermeável e tão poderoso que pode ser imposto em toda parte na corrente de opinião predominante. Esse consenso é feito de verdades inatacáveis sobre Israel como uma democracia, sua essência virtuosa, a modernidade e racionalidade de seu povo e de suas decisões. O rabino Arthur Hertzberg, um respeitado clérigo liberal norte-americano, certa vez disse que o sionismo era uma religião secular da comunidade judaica americana. Isso é apoiado visivelmente por várias organizações norte-americanas que têm como papel policiar o domínio público contra infrações, mesmo que várias outras organizações judaicas dirijam hospitais, museus, institutos de pesquisa para o bem de todo o país. Essa dualidade é como um paradoxo não resolvido, no qual empresas públicas nobres coexistem com as mais vis e desumanas. Assim, para dar um exemplo recente, a Organização Sionista dos Estados Unidos (ZOA), um pequeno mas muito vociferante grupo de fanáticos, pagou por um anúncio no *The New York Times*, em 10 de setembro, que se dirigia a Ehud Barak como se ele fosse um empregado dos judeus norte-americanos, lembrando-o que seis milhões deles eram mais que os cinco milhões de israelenses que haviam decidido negociar sobre Jerusalém. A linguagem do anúncio não era apenas admonitória, era quase ameaçadora, dizendo que o primeiro-ministro de Israel havia decidido de maneira não democrática fazer o que era anátema para os judeus norte-americanos, que estavam insatisfeitos com seu comportamento. Não está claro quem deu mandato a esse pequeno e feroz grupo de fanáticos para dar lições ao primeiro-ministro de Israel nesse tom, mas a ZOA se sente no direito de intervir nos assuntos de todo mundo. Eles rotineiramente escrevem ou telefonam ao reitor de minha universidade para lhe pedir que me demita ou me censure por algo que tenha dito, como se as universidades fossem como jardins de infância e professores devessem ser tratados como menores delinquentes. No ano passado, eles organizaram uma campanha para me demitir do cargo para o qual fui eleito, de diretor da Associação de Línguas Modernas, cujos trinta mil membros foram tratados pela ZOA como se fossem um bando de retardados mentais. Esse é o pior tipo de intimidação stalinista, mas é típico do sionismo norte-americano organizado, na sua pior e mais patrulhadora expressão.

Da mesma forma, nos últimos meses, vários escritores e editores judeus de direita (por exemplo, Norman Podhoretz, Charles Krauthammer e William Kristol, para mencionar apenas alguns poucos dos mais estridentes propagandistas) têm sido críticos de Israel essencialmente por desagradá-los, como se tivessem mais direitos que os demais. Seu tom, nesses e em outros artigos, é horrível, uma combinação repugnante de arrogância descarada, pregação moral e a mais feia forma de hipocrisia, tudo isso com um ar de completa segurança. Eles presumem que, graças ao poder das organizações sionistas que os apoiam e defendem em suas histéricas e repreensíveis manifestações, podem dedicar-se sem problema a seus espantosos excessos verbais, mas é principalmente pela maioria dos norte-americanos desconhecer do que eles estão falando, ou está acovardada no silêncio, que eles podem passar incólumes dizendo esses absurdos, que muito pouco têm que ver com a verdadeira realidade política do Oriente Médio. A maioria dos israelenses sensatos os olha com aversão.

O sionismo norte-americano atingiu agora um nível de quase pura fantasia, na qual o que é bom para os sionistas norte-americanos, em seu feudo e em seu discurso basicamente fictício, é bom para os Estados Unidos e Israel, e certamente para os árabes, muçulmanos e palestinos, que parecem ser um pouco mais que um conjunto de estorvos irrelevantes. Qualquer um que desafie ou se atreva a confrontá-los (especialmente se for um árabe ou um judeu crítico do sionismo) é alvo dos mais horríveis insultos e vitupérios, tudo pessoal, racista e ideológico. Eles são inflexíveis, totalmente sem generosidade ou genuína compreensão humana. Dizer que suas diatribes e análises são ao estilo do Velho Testamento seria insultar o Velho Testamento.

Em outras palavras, uma aliança com eles, tal como os Estados árabes e a OLP tentam forjar desde a Guerra do Golfo, é a forma mais imbecil de ignorância. Eles se opõem de maneira inalterável a qualquer coisa que os árabes, os muçulmanos e mais especialmente os palestinos defendam e prefeririam explodir tudo a fazer a paz conosco. Ainda assim, também é verdade que a maioria dos cidadãos comuns fica muitas vezes perplexa com a veemência de seu tom, mas não se dá conta exatamente do que há por detrás disso. Sempre que se fala com norte-americanos que não são judeus ou árabes, e que não têm conhecimento profundo sobre o Oriente Médio, tem-se frequentemente uma sensação de espanto e exasperação diante de uma atitude incansavelmente arrogante, como se todo o Oriente Médio lhes pertencesse. O sionismo nos Estados Unidos, é minha conclusão, não é apenas uma fantasia construída sobre fundações muito instáveis; é impossível fazer uma aliança ou esperar intercâmbio racional com ele. Mas ele pode ser atacado pelos flancos e derrotado.

Desde meados dos anos 1980, venho insistindo junto à liderança palestina, e a cada palestino e árabe que encontro, que a busca pela OLP da compreensão do presidente americano era uma ilusão total, já que todos os presidentes recentes foram sionistas convictos, e que a única maneira de mudar a política dos Estados Unidos e conseguir a autodeterminação seria através de uma campanha de massa em nome dos direitos humanos dos palestinos, que teria o efeito de atacar os sionistas pelos flancos e se dirigiria diretamente ao povo norte-americano. Embora desinformados, mas ainda abertos a apelos por justiça, os norte-americanos teriam reagido como quando da campanha da CNA contra o *apartheid*, que finalmente mudou o equilíbrio de forças dentro da África do Sul. Para ser justo, eu deveria mencionar que James Zogby, então um dinâmico ativista dos direitos humanos (antes de aderir a Arafat, ao governo dos Estados Unidos e ao Partido Democrata), foi um dos criadores da ideia. Que a tenha abandonado totalmente é um sinal de como ele mudou, e não da inutilidade da ideia em si.

Mas também se tornou muito claro para mim que a OLP nunca faria isso por várias razões. Em primeiro lugar, iria exigir trabalho e dedicação. Segundo, significaria adotar uma filosofia política realmente baseada numa organização popular. Terceiro, teria de ser um movimento, em vez de uma iniciativa pessoal em nome dos líderes atuais. E por último, exigiria um real – em contraposição a um superficial – conhecimento da sociedade norte-americana. Além disso, senti que a visão convencional, que nos leva de uma má posição a outra, era muito difícil de mudar, e o tempo provou que eu estava certo. Os acordos de Oslo eram a aceitação pelos palestinos da inimaginável supremacia israelense-americana, em vez de uma tentativa de mudá-la.

De todo modo, qualquer aliança ou compromisso com Israel nas atuais circunstâncias, em que a política dos Estados Unidos está totalmente dominada pelo sionismo norte-americano, destina-se a mais ou menos os mesmos resultados para os árabes em geral, e os palestinos em particular. Israel deve dominar, as preocupações de Israel são primordiais e a injustiça sistêmica de Israel será prolongada. A não ser que os sionismo norte-americano seja enfrentado e forçado a mudar – uma tarefa não muito difícil, como tentarei mostrar em meu próximo artigo –, os resultados serão os mesmos: miseráveis e desabonadores para nós como árabes.

Publicado originalmente em *Al-Ahram*, n. 502, de 5 a 11 de outubro de 2000.

Nada mais a oferecer

O processo de paz de Oslo, que além de mal noticiado conteve graves falhas desde o início, entra agora em sua fase terminal, a de uma violenta confrontação, repressão israelense desproporcional, rebelião palestina generalizada e grande perda de vidas, principalmente do lado palestino.

A visita de Ariel Sharon, líder da oposição israelense, a Haram al Sharif (Monte do Templo, para os judeus), em 28 de setembro, não poderia ter acontecido sem o consentimento do primeiro-ministro Ehud Barak. De que outra forma o velho criminoso de guerra poderia ter aparecido por ali com uma escolta de mil guardas? A taxa de aprovação a Barak subiu de 20 a 50 por cento após a visita, e o cenário parece armado para um governo de unidade nacional ainda mais violento e repressivo.

As proporções da desordem, porém, estavam dadas desde o início, como assinalado pela *Lettre International* no inverno de 1993. Os líderes, tanto trabalhistas como do Likud, não esconderam o fato de que Oslo tinha por objetivo segregar os palestinos em enclaves não contíguos rodeados por fronteiras sob controle israelense, com assentamentos e estradas pontuando e essencialmente violando a integridade dos territórios, com as expropriações e a demolição de casas avançando inexoravelmente durante os governos de Yitzhak Rabin, Shimon Peres, Benyamin Netanyahu e Ehud Barak, com a expansão e multiplicação dos assentamentos (mais duzentos mil judeus israelenses em Jerusalém, outros duzentos mil a mais em Gaza e na Cisjordânia) e uma ocupação militar ininterrupta. Cada pequeno passo na direção da soberania palestina – incluindo acordos de retirada em pequenas etapas e de comum acordo – tem sido retardado e cancelado segundo o desejo de Israel.

O método empregado é política e estrategicamente absurdo e até mesmo suicida. Jerusalém oriental, ocupada, foi colocada fora dos limites para os palestinos. A campanha belicosa israelense veio para proibir a cidade dividida aos palestinos e proclamá-la a "capital eterna e indivisível" de Israel. Aos quatro milhões de refugiados palestinos – hoje a maior e mais antiga população do tipo no mundo – foi dito que poderiam esquecer qualquer ideia de retorno ou compensação.

Com o seu próprio regime corrupto e estupidamente repressivo, apoiado tanto pela inteligência israelense como pela CIA, Iasser Arafat continuou confiando na mediação dos Estados Unidos, apesar do fato de a equipe de paz dos Estados Unidos estar dominada por antigos lobistas israelenses e por um presidente cujas ideias sobre o Oriente Médio são as de um sionista fundamentalista cristão com nenhum contato ou compreensão do mundo árabe-islâmico.

Chefes árabes cooperativos, mas isolados e impopulares (especialmente o presidente egípcio Hosni Mubarak), foram humilhantemente compelidos a seguir a linha dos Estados Unidos, diminuindo assim sua já corroída credibilidade doméstica. Os interesses israelenses sempre vieram em primeiro lugar, bem como sua insegurança sem fim e as exigências absurdas. Nenhuma tentativa foi feita para abordar o problema da injustiça fundamental exercida contra os palestinos quando estes foram, como povo, expulsos em 1948.

Por trás do processo de paz, havia duas pressuposições israelenses e norte-americanas, ambas derivadas de uma impressionante falta de compreensão da realidade. A primeira era a de que se os palestinos fossem suficientemente punidos e golpeados, com o passar dos anos, a partir de 1948, acabariam cedendo e aceitando as concessões feitas por Arafat, suspendendo toda a causa palestina e perdoando Israel por tudo o que fez.

Por exemplo, o processo de paz não levou em consideração a imensa perda de terras e de bens por parte dos palestinos, nem a relação entre o deslocamento no passado e a atual ausência de Estado, enquanto Israel, uma potência nuclear com um exército formidável, continuou assim mesmo a reclamar o *status* de vítima e exigir uma restituição pelo antissemitismo genocida da Europa. Ainda não há reconhecimento oficial da responsabilidade de Israel pela (agora amplamente documentada) tragédia de 1948, apesar de os Estados Unidos terem empreendido guerras no Iraque e em Kosovo em prol de outros refugiados. Não se pode forçar um povo a esquecer, principalmente quando a realidade cotidiana é vista, por todos os árabes, como reproduzindo a injustiça original.

Segundo, após sete anos de piora constante das condições de vida, econômicas e sociais dos palestinos em toda parte, os políticos israelenses e norte-americanos insistem (estupidamente, acredito eu) em anunciar os seus sucessos, excluindo do processo as Nações Unidas e outras partes interessadas, dobrando a mídia aos seus desejos, distorcendo os fatos e apresentando-os como efêmeras vitórias para a "paz". Com todo o mundo árabe contra os helicópteros e a artilharia pesada israelenses demolindo as construções civis palestinas, com quase cem mortos e dois mil feridos, incluindo muitas crianças, e com os palestinos israelenses em armas contra o seu tratamento de cidadãos não judeus de terceira classe, começa a cair aos pedaços o frágil e distorcido *status quo*. Os Estados Unidos e seu débil presidente, isolados na ONU e pouco queridos em todo o mundo árabe como defensores incondicionais de Israel, praticamente não têm mais com o que contribuir. Tampouco têm muito com que contribuir os líderes árabes e israelenses. Apesar disso, são bem capazes de remendar mais um acordo interino. Mais impressionante ainda tem sido o silêncio total do campo da paz sionista nos Estados Unidos, na Europa e em Israel. O massacre da juventude palestina continua enquanto esse bando de supostos amantes da paz ou apoia a brutalidade israelense ou expressa sua decepção com a ingratidão palestina.

Mas pior de tudo é a mídia norte-americana, completamente amedrontada pelo *lobby* israelense, com analistas e âncoras emitindo relatos distorcidos sobre o "fogo cruzado" e a "violência palestina", ignorando que os palestinos lutam contra a ocupação militar israelense e de forma alguma estão "sitiando Israel" como disse a Secretária de Estado americana Madeleine Albright. Enquanto os Estados Unidos comemoram a vitória do povo sérvio contra o seu ex-presidente Slobodan Milosevic, o presidente norte-americano e sua equipe se recusam a ver o levante palestino como o mesmo tipo de luta contra a injustiça.

Na nossa visão, a nova Intifada palestina é, em parte, dirigida contra Arafat, suas falsas promessas e seu bando de oficiais corruptos e incompetentes em poder de monopólios comerciais. Enquanto Arafat destina 60 por cento do orçamento público para a burocracia e a segurança, apenas 2 por cento vão para a infraestrutura. Três anos atrás, os próprios contadores de Arafat admitiram a existência de fundos perdidos no valor de 400 milhões de dólares anuais. Seus patronos internacionais aceitam isso em nome do "processo de paz", certamente o termo mais odiado no léxico palestino atual.

Uma nova liderança e um plano de paz alternativo emergem aos poucos, entre os palestinos israelenses, da Cisjordânia, Gaza e diáspora. Este inclui: nenhum retorno ao quadro dos Acordos de Oslo, nenhum recuo em relação às resoluções originais da ONU (242, 338 e 194); remoção de todos os assentamentos e estradas militares; evacuação de todos os territórios anexados ou ocupados em 1967; e o boicote aos serviços e bens israelenses. É bem provável que estejamos diante do surgimento de uma nova percepção de que apenas um movimento de massas contra o *apartheid* israelense (semelhante ao sul-africano) pode resolver o problema.

É sem dúvida pura idiotice o fato de Barak e Albright responsabilizarem Arafat pelo que ele já não controla integralmente. Em vez de descartar o novo quadro, os apoiadores de Israel mostrariam mais sabedoria se lembrassem que a questão da Palestina diz respeito a todo um povo, e não a um líder idoso e desgastado. Além disso, a paz na Palestina-Israel só pode ser estabelecida entre iguais, terminada a ocupação militar. Nenhum palestino, nem mesmo Arafat, pode realmente aceitar menos do que isso.

Publicado originalmente em *Frankfurter Allgemeine Zeitung*, em 11 de outubro de 2000.

A ÚNICA ALTERNATIVA

Visitei a África do Sul pela primeira vez em maio de 1991: um inverno escuro e úmido, numa época em que o *apartheid* ainda prevalecia, apesar de o CNA ter sido legalizado e Nelson Mandela, libertado. Voltei dez anos depois, dessa vez no verão, para um país democrático, onde o *apartheid* havia sido derrotado, o CNA estava no poder e uma sociedade civil vigorosa e questionadora se mobilizava para tentar completar a tarefa de trazer igualdade e justiça social para esse país ainda dividido e economicamente conturbado. Mas a luta pela libertação que acabou com o *apartheid* e instituiu o primeiro governo eleito democraticamente em 27 de abril de 1994 continua a ser uma das grandes realizações humanas registradas na história. Apesar dos problemas do presente, a África do Sul é um lugar inspirador para se visitar e pensar sobre alternativas, em parte porque, para os árabes, esse país tem muito a nos ensinar sobre luta, originalidade e perseverança.

Voltei para lá, desta vez como participante de uma conferência sobre os valores na educação, organizada pelo Ministério da Educação. O ministro Qader Asmal é um velho e admirado amigo que conheci muitos anos atrás, quando ele vivia exilado na Irlanda. Como membro do gabinete, ativista de longa data do CNA e advogado e acadêmico de sucesso, ele conseguiu persuadir Nelson Mandela – agora com 83 anos, com saúde frágil e oficialmente afastado da vida pública – a fazer uma palestra na noite de abertura da conferência. O que Mandela disse na ocasião me marcou profundamente, tanto por sua enorme estatura moral e seu carisma profundamente comovente como também pelas palavras elaboradas que proferiu. Também advogado de formação, Mandela é um homem especialmente eloquente, que, apesar de ter participado de milhares de discursos e rituais, sempre parece ter algo importante a dizer.

Dessa vez, foram duas frases sobre o passado que me impressionaram, num bom discurso sobre educação, que chamou a atenção, de modo pouco elogioso, para o deprimente estado atual da maioria do país, "que sofre em condições abjetas de privação material e social". Assim, ele lembrou ao público que "nossa luta não acabou", apesar – aqui vai a primeira frase – de a campanha contra o *apartheid* "ter sido uma das grandes lutas de cunho moral" que "conquistou a imaginação do mundo". A segunda frase foi sua descrição da campanha anti-*apartheid* como sendo não só um movimento para acabar com a discriminação racial, mas também um meio "para todos nós afirmarmos nossa humanidade comum". Implícita nas palavras "todos nós" está a noção de que todas as raças da África do Sul, incluindo os brancos pró-*apartheid*, eram encaradas como participantes de uma luta que tinha como objetivo final a coexistência, a tolerância e "a realização dos valores humanos".

A primeira frase me impressionou dolorosamente: por que a luta palestina (ainda) não conquistou a imaginação do mundo e por que, indo mais a fundo na questão, não aparece como uma grande luta moral que, como disse Mandela sobre a experiência sul-africana, recebeu "apoio quase universal... de virtualmente todas as facções políticas e partidos"?

É verdade que recebemos muito apoio geral e que a nossa é uma luta moral de proporções épicas. O conflito entre o sionismo e o povo palestino é, reconhecidamente, mais complexo do que a batalha contra o *apartheid*, mesmo que em ambos os casos um povo tenha pago e o outro ainda esteja pagando um preço muito alto pela expropriação, limpeza étnica, ocupação militar e injustiça social maciça. Os judeus são um povo com uma história trágica de perseguição e genocídio. Ligados por sua antiga fé à terra da Palestina, seu "retorno" à uma terra natal prometida a eles pelo imperialismo britânico foi interpretado por grande parte do mundo (mas especialmente o Ocidente cristão responsável pelos piores excessos de antissemitismo) como uma compensação heroica e justa pelo que haviam sofrido. Ainda assim, por anos e anos, poucos prestaram atenção à conquista da Palestina pelas forças judaicas, ou ao povo árabe de lá, que sofreu o exorbitante custo da destruição de sua sociedade, a expulsão da maioria e o hediondo sistema de leis – um *apartheid* virtual – que ainda os discrimina dentro de Israel e nos territórios ocupados. Os palestinos foram vítimas silenciosas de uma gritante injustiça, rapidamente encoberta por um refrão triunfalista das grandes virtudes de Israel.

Depois da reemergência de um movimento de libertação palestino genuíno no final dos anos 1960, os antigos povos colonizados da Ásia, África e América Latina apoiaram sua luta. No principal, porém, a balança estratégica pendeu enormemente a favor de Israel: apoiado incondicionalmente pelos

Estados Unidos (5 bilhões de doláres anuais em ajuda), pelo Ocidente, pela mídia, pela *intelligentsia* e pela maioria dos governos do mundo. Por motivos muito conhecidos para entrar em detalhes aqui, o ambiente oficial árabe era abertamente hostil aos palestinos ou lhes dava um apoio tíbio, principalmente verbal e financeiro.

Contudo, por estarem os objetivos estratégicos cambiantes da OLP sempre manchados por ações terroristas inúteis, nunca serem considerados ou articulados eloquentemente e por ser a preponderância do discurso cultural no Ocidente desconhecida, ou, pelo menos, incompreendida pelos formuladores de política e intelectuais palestinos, nunca fomos capazes de reivindicar eficazmente a superioridade moral. A informação israelense podia sempre recordar (e explorar) o Holocausto, assim como os atos não estudados e politicamente inoportunos do terror palestino, consequentemente neutralizando ou obscurecendo nossa mensagem. Nunca nos concentramos, como um povo, na luta cultural no Ocidente (o CNA logo cedo se deu conta de que isso era a chave para minar o *apartheid*) e simplesmente não ressaltamos, de maneira humana e coerente, as imensas depredações e discriminações realizadas contra nós por Israel. A maioria dos telespectadores hoje em dia não tem ideia das políticas de terra racistas de Israel, ou de suas espoliações, torturas, privações sistemáticas dos palestinos, só porque não são judeus. Como escreveu um repórter sul-africano negro num dos jornais locais daqui quando visitava Gaza, o *apartheid* nunca foi tão perverso e desumano quanto o sionismo: limpeza étnica, humilhações diárias, punição coletiva em grande escala, apropriação de terras etc. etc.

Mas até mesmo esses fatos, que deveriam ser usados como armas na batalha sobre valores entre o sionismo e os palestinos, não seriam suficientes. Nós nunca nos concentramos o suficiente no fato de que, para nos contrapor ao exclusivismo sionista, teríamos de fornecer uma solução para o conflito que, como na segunda frase de Mandela, afirmasse nossa humanidade comum como judeus e árabes. A maioria de nós ainda não aceita a ideia de que os judeus israelenses estão aqui para ficar, que eles não irão embora, da mesma forma que os palestinos também não irão. Isso é, compreensivelmente, muito difícil para os palestinos aceitarem, já que eles estão no processo de perder sua terra e são perseguidos diariamente. Mas com nossa irresponsável e irrefletida afirmação de que os judeus serão forçados a ir embora (como nas Cruzadas), nós não nos concentramos suficientemente no fim da ocupação militar como um imperativo moral, nem em encontrar uma forma de lhes garantir uma segurança e uma autodeterminação que não anulem as nossas. Isso, e não a absurda esperança de que um presidente norte-americano nos daria um Estado, deveria ter sido a base de uma campanha de massa em toda parte. Dois povos em uma terra. Ou igualdade para todos. Ou uma pessoa, um voto. Ou uma humanidade comum afirmada num Estado binacional. Sei que somos vítimas de uma terrível conquista, uma ocupação militar perversa, um *lobby* sionista que tem consistentemente mentido para nos transformar tanto em um não povo quanto em terroristas – mas qual é a alternativa real para o que sugeri? Uma campanha militar? Um sonho. Mais negociações de Oslo? Claramente que não. Mais perdas de vida dos nossos valentes jovens, sem ajuda nem direção de nenhum líder? Uma pena, mas não. Confiança nos Estados árabes que abandonaram até mesmo sua promessa de fornecer assistência de emergência imediata? Vamos lá, falemos sério.

Os judeus israelenses e os árabes palestinos estão presos na visão do inferno de Sartre, ou seja, que o inferno são os "outros". Não há saída. A separação não pode funcionar numa terra tão pequena, não mais do que podia o *apartheid*. O poder militar e econômico de Israel isolou o país e o forçou a ter de encarar a realidade. Esse é o significado da eleição de Sharon, um criminoso de guerra antediluviano convocado das brumas dos tempos para fazer o quê? Colocar os árabes em seu devido lugar? Impossível. Portanto, cabe a nós fornecer a resposta que o poder e a paranoia não podem dar. Não é suficiente falar de paz em termos gerais. Devem-se fornecer as bases concretas para isso, e essas só podem vir de uma visão moral, e não do "pragmatismo" ou da "praticidade". Se nós todos temos de viver – esse é o nosso imperativo –, devemos conquistar a imaginação, não apenas de nosso povo, mas a de nossos opressores. E temos de agir de acordo com os valores democráticos e humanos.

Estará a atual liderança palestina atenta? Poderá ela sugerir algo melhor que isso, dado seu péssimo histórico em um "processo de paz", que conduziu aos horrores da atualidade?

Publicado originalmente em *Al-Ahram*, n. 523, de 1º a 7 de março de 2001.

Freud, o sionismo e Viena

Esta é uma parábola que merece algumas linhas, apesar de derivar de uma experiência pessoal minha um tanto peculiar que atraiu a atenção pública e da mídia fora do comum, embora desmerecida. Em geral, não uso a mim mesmo como exemplo, mas pelo fato de este episódio ter sido tão mal relatado e também porque pode iluminar o contexto da luta palestino--sionista em que ocorreu me permiti usá-lo. No final de junho e começo de julho de 2000, fiz uma visita familiar, de caráter pessoal, ao Líbano, onde também proferi duas palestras públicas. Como a maioria dos árabes, minha família e eu estávamos muito interessados em visitar o sul do país para ver a recentemente evacuada "zona de segurança", que havia sido militarmente ocupada por Israel durante vinte e dois anos e de onde as tropas do Estado judeu foram expulsas sem cerimônia pela resistência libanesa. Nossa visita ocorreu em 3 de julho. Durante a excursão de um dia inteiro, passamos algum tempo na notória prisão de Khiam, construída pelos israelenses em 1987, na qual oito mil pessoas foram torturadas e detidas em condições horríveis e verdadeiramente bestiais. Em seguida, nos dirigimos ao posto da fronteira, também abandonado por tropas israelenses, agora uma área deserta, a não ser pelos visitantes libaneses que vão lá em grande número para jogar pedras, como forma de comemoração, pela fronteira ainda fortemente fortificada. Não se via nenhum israelense, militar ou civil.

Durante nossa parada de dez minutos, fui fotografado sem meu conhecimento arremessando um pedregulho numa competição com alguns jovens que estavam ali. Nenhum deles, é claro, tinha qualquer alvo em particular em vista. A área estava vazia por milhas e milhas. Dois dias depois, minha foto apareceu nos jornais de Israel e de todo o Ocidente. Fui descrito como um terrorista que apedreja, um homem de violência, e assim por diante, no refrão familiar de difamação e falsidade conhecido por qualquer um que tenha se exposto à hostilidade da propaganda sionista.

Duas ironias sobressaem nessa história. Uma delas é que, apesar de eu ter escrito pelo menos oito livros sobre a Palestina e ter sempre pregado a resistência à ocupação sionista, nunca defendi nada além da coexistência pacífica entre nós e os judeus de Israel, a partir do momento que a repressão e a expulsão dos palestinos por Israel parassem. Meus escritos circularam em todo o mundo em pelo menos 35 línguas. Portanto, é difícil que minhas posições não sejam conhecidas, e minha mensagem é muito clara. Mas tendo percebido ser inútil tentar refutar os fatos e argumentos que apresentei e, mais importante ainda, tendo sido incapaz de impedir minha obra de atingir públicos cada vez maiores, o movimento sionista recorreu a táticas cada vez mais esfarrapadas para tentar me deter. Dois anos atrás, eles contrataram um advogado israelense-americano obscuro para "pesquisar" os primeiros dez anos de minha vida e "provar" que, apesar de eu ter nascido em Jerusalém, eu nunca realmente havia estado lá; essa informação supostamente serviria para mostrar que eu era um mentiroso, que havia falsificado meu direito de retornar, apesar de – e essa é a estupidez e a insignificância do argumento –, a injusta Lei do Retorno israelense permitir a qualquer judeu, em qualquer lugar do mundo, o "direito" de ir a Israel e viver lá, tenha ou não alguma vez colocado os pés naquele país antes.

Além disso, tão primitivos e imprecisos eram os métodos de investigação do advogado que muitas pessoas que ele entrevistou escreveram e contradisseram o que ele afirmou; com uma única exceção, nenhum dos jornais que ele abordou para publicar sua história aceitou seu artigo, por causa de suas falsidades e distorções. Não apenas foi essa campanha um esforço para me desacreditar pessoalmente (o editor do único jornal que publicou a matéria disse abertamente que havia impresso essa porcaria absurda, produzida sob encomenda, simplesmente porque eu tinha muitos leitores), mas um tanto surpreendentemente teve o objetivo de mostrar que todos os palestinos são mentirosos e não merecem crédito em suas asserções sobre o direito ao retorno.

Logo após esse esforço orquestrado, surgiu a história do arremesso da pedra. E aqui está a segunda ironia. Apesar dos vinte e dois anos de devastação do sul do Líbano por Israel, sua destruição de vilarejos inteiros, o assassinato de centenas de civis, o uso de soldados mercenários para saquear e punir, seu deplorável uso dos métodos mais desumanos de tortura e prisão em Khiam e em outros lugares, apesar de tudo isso, a propaganda israelense, ajudada e apoiada por uma mídia ocidental corrupta, escolheu enfocar um ato inofensivo meu, aumentando o fato em proporções monstruosamente absurdas que sugeriam que eu era um fanático violento interessado em matar judeus. O contexto foi deixado de lado, assim como as circunstâncias em torno dele, isto é, que eu apenas joguei um pedregulho, que nenhum israelense estava presente no local, e que não houve ferimento físico ou dano a ninguém. Mais bizarro ainda, uma completa e, de novo, orquestrada campanha foi preparada para tentar que me demitissem da universidade na qual leciono há trinta e oito anos. Artigos na imprensa, comentários, cartas de abuso e ameaças de morte foram usadas para me intimidar ou me silenciar, incluindo as de alguns colegas meus que subitamente descobriram sua fidelidade ao Estado de Israel. O mais engraçado de tudo isso é que a total falta de lógica que tentou associar um incidente trivial no sul do Líbano à minha vida e obras não deu em nada. Vários colegas se manifestaram a meu favor, assim como muitos membros do público. Mais importante ainda, a administração da universidade magnificamente defendeu meu direito de dar minhas opiniões e praticar minhas ações, e observou que a campanha contra mim não tinha nada que ver com o fato de eu ter jogado uma pedra (um ato corretamente caracterizado como liberdade de expressão), mas sim com minhas posições políticas e minha atividade de resistência às políticas de ocupação e repressão de Israel.

O episódio mais recente de toda essa pressão sionista é, de algum modo, o mais triste e vergonhoso. No final de julho de 2000, fui contatado pelo diretor do Instituto e Museu Freud, em Viena, para saber se eu aceitaria um convite para dar uma palestra anual sobre Freud lá, em maio de 2001. Eu disse que sim, e em 21 de agosto recebi uma carta oficial do diretor do Instituto me convidando a fazê-la em nome da diretoria. Aceitei prontamente, já que havia escrito sobre Freud e sido, por muitos anos, um grande admirador de sua vida e obra. (Incidentalmente, deve-se notar que Freud foi um dos primeiros antissionistas, mas depois mudou de posição quando as perseguições a judeus europeus pelos nazistas fizeram com que um Estado judeu parecesse uma solução possível ao disseminado e letal antissemitismo. Mas estou convencido de que sua posição *vis-à-vis* sobre o sionismo foi sempre ambivalente.)

O tópico que propus para minha palestra foi "Freud e os não europeus", na qual tinha a intenção de defender que, apesar de a obra de Freud ter sido escrita para e sobre a Europa, seu interesse em civilizações antigas como as do Egito, Palestina, Grécia e África era uma indicação do universalismo de sua visão e o escopo humano de sua obra. Mais ainda, eu acreditava que seu pensamento merecia ser apreciado por seu antiprovincianismo, muito diferente do de seus contemporâneos, que denegriram outras culturas não europeias como sendo menores ou inferiores.

Então, sem aviso nenhum, em 8 de fevereiro daquele ano, fui informado pelo diretor do Instituto, um sociólogo vienense chamado Schülein, que a diretoria havia decidido cancelar minha palestra, por causa (disse ele) da situação política no Oriente Médio "e de suas consequências". Nenhuma outra explicação me foi dada. Foi um gesto lamentável e da mais absoluta falta de profissionalismo, muito em contradição com o espírito e a letra da obra de Freud. Em mais de trinta anos de palestras em todo o mundo, isso nunca havia acontecido comigo. Imediatamente respondi, numa carta de uma só frase, pedindo a Schülein que me explicasse como uma palestra sobre Freud em Viena teria algo que ver com a "situação política do Oriente Médio". É claro que não tive resposta.

Para piorar as coisas, o *The New York Times* publicou uma história, em 10 de março, sobre esse episódio, com uma versão grotescamente aumentada da famosa fotografia no sul do Líbano em julho do ano anterior, um evento que havia ocorrido muito antes do pessoal do Freud ter me convidado no final de agosto. Quando Schülein foi entrevistado pelo *Times*, teve a desfaçatez de trazer à tona a foto e dizer o que nunca teve a coragem de me dizer, que ela era (assim como minha crítica à ocupação de Israel) a razão do cancelamento, considerando – acrescentou – que poderia ofender as sensibilidades dos judeus vienenses no contexto da presença de Jörg Haider, do Holocausto e da história do antissemitismo austríaco. Que um acadêmico respeitável pudesse dizer semelhante bobagem vai além da imaginação, mas que ele o fizesse ao mesmo tempo que Israel está cercando e matando palestinos impiedosamente a cada dia – isso é indecente.

O que em sua espantosa covardia a gangue freudiana não disse publicamente foi que a verdadeira razão para o indecente cancelamento de minha palestra foi que isso representou o preço pago a seus contribuintes em Israel e nos Estados Unidos. Uma exposição dos materiais escritos de Freud, organizada pelo Instituto, já esteve em Viena e Nova York; agora a esperança é que seja levada a Israel. Os financiadores potenciais parecem ter condicionado a cobertura dos gastos da exposição em Tel-Aviv ao cancelamento de minha palestra. A fraca diretoria de Viena cedeu, e minha palestra foi cancelada não porque eu defenda a violência e o ódio, mas porque eu não o faço!

Na época, eu disse que Freud havia sido expulso de Viena pelos nazistas e pela maioria do povo austríaco. Hoje os mesmos exemplos de coragem e princípios intelectuais proíbem um palestino de dar palestras. Esse tipo de sionismo particularmente desagradável degenerou tanto que não pode justificar a si mesmo pelo debate aberto e diálogo genuíno. Usa táticas mafiosas obscuras como ameaças e extorsão, justamente para obter silêncio e obediência. Busca tão desesperadamente a aceitação que se revela a si mesmo – em Israel e por intermédio de seus defensores em outros lugares – ser a favor de silenciar a voz palestina inteiramente, seja sufocando vilarejos palestinos como Bir Zeit, seja impedindo a discussão e crítica em qualquer lugar onde possa encontrar colaboradores e covardes para levar adiante suas repreensíveis exigências. Não é de se estranhar que em tal clima Ariel Sharon seja o líder de Israel.

Mas, no final, essas táticas de rufião se voltam contra quem as usou, já que nem todo mundo tem medo e nem toda voz pode ser silenciada. Depois de cinquenta anos de censura e falsidades sionistas, os palestinos continuam sua luta. E em todo lugar, apesar da fraca cobertura da mídia, apesar da venalidade de instituições como a Sociedade Freud, apesar da covardia de intelectuais que abafam suas consciências para dormir, as pessoas ainda levantam a voz pela justiça e pela paz. Imediatamente depois que Viena cancelou meu convite, o London Freud Museum me convidou para ministrar a mesma palestra que eu deveria ter proferido em Viena (depois de ser expulso de Viena em 1938, Freud passou o último ano de sua vida em Londres). Duas instituições austríacas, o Instituto de Ciências Humanas e a Sociedade Austríaca de Literatura, me convidaram para dar palestras em Viena, numa data de minha escolha. Um grupo de notáveis psicanalistas e críticos de psicanálise (incluindo Mustafa Safouan) escreveu uma carta ao Instituto Freud protestando sobre o cancelamento. Muitos outros ficaram chocados com aquela atitude tão agressiva e o disseram de público. Enquanto isso, a resistência palestina continua em toda a parte.

Ainda acredito que é nosso papel procurar a paz com justiça para fornecer uma visão alternativa ao sionismo, uma visão baseada na igualdade e na inclusão, em vez de no *apartheid* e na exclusão. Cada episódio como o que descrevi aqui aumenta a minha convicção de que nem israelenses nem palestinos têm alternativa que não seja dividir a terra que ambos reivindicam. Também acredito que a Intifada da Al-Aqsa deve ser dirigida a esse fim, embora a resistência política e cultural às condenáveis políticas de ocupação de Israel de cerco, humilhação, fome e punição coletiva deva ser vigorosamente contida. Os militares israelenses causam imensos danos aos palestinos todos os dias: mais inocentes são assassinados, sua terra é destruída ou confiscada, suas casas bombardeadas ou demolidas, seus movimentos circunscritos ou detidos inteiramente. Milhares de civis não conseguem encontrar trabalho, ir à escola ou receber tratamento médico por causa dessas ações israelenses. Tal arrogância e ódio suicida contra os palestinos não trarão resultados, mas mais sofrimento e mais ódio. Esse é o motivo pelo qual, no final das contas, Sharon tem sempre fracassado e recorrido a assassinatos e pilhagens inúteis. Para nosso próprio bem, devemos elevar-nos acima do fracasso do sionismo e continuar a articular nossa mensagem de paz com justiça. Mesmo que o caminho pareça difícil, ele não deve ser abandonado. Se qualquer um de nós for eliminado, dez outros devem tomar o lugar. Essa é a marca genuína de nossa luta, e nem a censura nem a simples cumplicidade covarde podem impedir seu êxito.

Publicado originalmente em *Al-Ahram*, n. 525, de 15 a 21 de março de 2001.

Afiando o machado

Uma atmosfera ameaçadora está tomando conta do Oriente Médio, agora que Ariel Sharon veio aos Estados Unidos. Uma impressionante semelhança com o período anterior à invasão israelense do Líbano, em 1982, sem dúvida veio à mente de qualquer um com memória longa o suficiente para lembrar o que aconteceu na época. O mesmo criminoso de guerra, Sharon – que, em breve, deveria ter o mesmo destino de Milosevic, em Haia –, foi se encontrar com o secretário de Estado Alexander Haig e depois foi embora com o que disse a todos ser a luz verde americana. Em seguida, seus exércitos invadiram o Líbano. E, por certo, ele fez a mesma coisa desta vez, com o inexperiente Colin Powell e o intelectualmente incapacitado George Bush. Ambos, em um período de menos de um mês, adotaram plenamente a mentira israelense de que o principal problema é "a violência", pela qual automaticamente se presume que violência é o que os palestinos praticam, enquanto moderação é a contribuição de Israel. Então, tudo o que Sharon tem a fazer agora é invadir as áreas controladas pela Autoridade Palestina e depois afirmar que isso está sendo feito com moderação e aprovação dos Estados Unidos, para salvaguardar a segurança israelense. A visita de Colin Powell à Palestina e sua sugestão de que monitores internacionais pudessem supervisionar a trégua podem complicar ligeiramente as coisas, mas na cabeça de Sharon, no que diz respeito aos palestinos, não há lugar para nada, a não ser para a invasão e a destruição.

Agora já ficou claro que, pelo fato de o público ocidental ser tão mal informado, as autoridades israelenses podem dizer qualquer coisa, inclusive mentiras absurdas. Na semana passada, nos Estados Unidos, um debate transmitido por uma rede importante de televisão, entre o ministro da Autoridade Palestina, Nabil Shaath, e o presidente do Knesset, Avraham

Burg, confirmou esse triste fato e demonstrou mais uma vez que, por qualquer motivo, a Autoridade e seus porta-vozes parecem incapazes de entender o que está acontecendo. Burg descaradamente inventou uma mentira após outra – que, como democrata e amante da paz, ele estava preocupado com o fato de não haver um verdadeiro grupo pacifista entre os palestinos; que Israel estava tentando mais do que nunca se manter calmo, enquanto terroristas palestinos (encorajados pela Autoridade) ameaçavam assassinar brutalmente sua filha; que Israel sempre quisera a paz; que Arafat controlava tudo; que Shaath e ele (Burg) acreditavam exatamente na mesma coisa, exceto que ele, Burg, era capaz de influenciar Sharon no sentido da moderação, enquanto Shaath não podia influenciar Arafat; e assim por diante. Tudo isso para defender o ponto de vista, no estilo da propaganda clássica, ou seja, de que repetir uma mentira com frequência significa acreditar nela, de que Israel é uma das vítimas dos palestinos, de que Israel quer a paz, e está esperando que palestinos se alinhem com sua magnanimidade e moderação.

Para essa miscelânea de invenções, Shaath parecia não ter respostas, apenas conseguia dizer melancolicamente que os palestinos também querem a paz; que querem o Plano Mitchell (como se aquele pedaço de lixo absurdo elaborado pela Aipac já tivesse se tornado uma escritura: teriam os líderes palestinos como Abed Rabbo, Shaath, Erekat e outros se esquecido de que senadores como Mitchell e Warren Rudman, que compunham quase a metade do comitê que produziu aquele relatório idiota, estavam entre os membros mais bem pagos do *lobby* de Israel? É óbvio que sim); que estão tentando ser moderados; que anseiam por uma volta a Oslo; e assim por diante. Raramente vi tal concentração de mentiras de Israel ser recebida com tamanha bajulação e servilismo por palestinos. Tudo isso enquanto milhões de palestinos estão sofrendo o pior castigo coletivo possível.

Quando indivíduos como Shaath conseguem uma oportunidade preciosa de lidar com um criminoso como Burg não devem em nenhum momento deixá-lo esquecer de que Israel está cometendo crimes de guerra horrendos, que milhões de pessoas não podem viajar, comer, receber assistência médica, que quinhentas pessoas foram assassinadas, duas mil casas foram demolidas, cinquenta mil árvores foram arrancadas, milhares de hectares de terra foram confiscados, os assentamentos continuam – e que tudo isso ocorreu durante o "processo de paz". Até mesmo um porta-voz, em geral muito bom e confiável, como Ghassan Khatib, foi infectado com o vírus de falar sobre a violência e o Relatório Mitchell, sem, ao mesmo tempo, sequer mencionar a ocupação, a ocupação, a ocupação, a ocupação. Não podem esses nossos formidáveis porta-vozes concentrar-se na realidade cotidiana de nosso povo e em seu sofrimento?

E não podem eles, em algum momento, falar como seres humanos, em vez de fazer imitações de terceira categoria de Kissinger e Rabin, que parecem ter se tornado seus modelos? O que há de errado conosco, que não podemos sequer falar concretamente sobre o fato central de nossa existência, qual seja, que, em todos os níveis, por mais de cinquenta e três anos, fomos oprimidos por Israel e continuamos a ser oprimidos com bloqueios, cercos, bombardeios aéreos, ataques de mísseis e helicópteros, e que nossos refugiados não receberam um centavo de compensação e nem sequer a esperança de repatriação do Estado que os despojou de suas terras e que os castiga desde então?

O que me intriga é que mesmo depois de oito anos de enganos e traição, a mentalidade oficial palestina é incapaz de dizer que desastre foi Oslo e, em vez disso, quer recriá-lo. Isso seria como perguntar ao carrasco se ele se importaria em afiar seu machado um pouco antes de tentar de novo. É claro que é preciso participar de qualquer jogo político que esteja acontecendo, e é claro que se deve ser capaz de responder diretamente a questões sobre acordos, tréguas e assim por diante. Mas, acima de tudo, o que acho mais desanimador é que nossos porta-vozes mostram sinais de estar tão totalmente distanciados dos horrores diários da vida dos palestinos médios que nem sequer os mencionam.

A eles quero dizer que não importa a ocasião, não importa a pergunta, não importa o jornalista de TV, de rádio ou da imprensa escrita, toda pergunta deve primeiro ser respondida com alguns pontos básicos sobre a ocupação militar que existe há trinta e quatro anos, desde 1967. Essa é a fonte da violência, essa é a fonte dos principais problemas, e é a razão pela qual Israel nunca poderá ter uma verdadeira paz. Toda nossa posição política deve ter como base o fim da ocupação e isso deve ter precedência sobre toda e qualquer outra consideração. Quando fizerem alguma pergunta a Erekat ou Shaath ou Ashrawi ou Khatib sobre algo como, por exemplo, o Relatório Mitchell ou a visita de Powell, a resposta deve sempre começar desta forma: "enquanto houver uma ocupação militar da Palestina por Israel, nunca poderá haver paz. A ocupação com tanques, soldados, postos de controle e assentamentos é uma violência, e é uma violência muito maior que qualquer coisa que os palestinos tenham feito por meio da resistência". Ou algo assim.

Essas pessoas admiráveis têm de lembrar que noventa e nove por cento daqueles que leem jornais ou assistem a telejornais em todo o mundo (incluindo os árabes) simplesmente se esqueceram – se é que algum dia souberam – de que Israel é uma potência que exerce uma ocupação ilegal e o tem sido por trinta e quatro anos. Portanto, devemos insistentemente lembrar esse fato ao mundo. Repetir e repetir e repetir. Essa não é uma tarefa difícil, apesar de ser, creio eu, absolutamente crucial. Lembrar a todos, repetidamente, sobre a ocupação israelense é uma repetição necessária, mais necessária ainda que todos os comentários estupidamente inconsequentes e sentimentais ao estilo norte-americano e israelense sobre paz e violência. Podemos aprender algo ou estamos condenados a repetir nossos erros para sempre?

Publicado originalmente em *Al-Ahram*, n. 541, de 5 a 11 de julho de 2001.

O preço de Camp David

Um ano atrás, Bill Clinton convocou um encontro entre lideranças israelenses e palestinas no retiro presidencial de Camp David para finalizar um acordo de paz que, pensava ele, ambas estavam preparadas para implementar. Eu enfatizo o papel de Clinton em todo esse processo porque era característico do homem em quem os palestinos haviam depositado suas esperanças, que haviam recebido em Ramallah e Gaza como um herói e haviam acatado em todas as ocasiões, que ele se apressasse em juntar os dois oponentes, entranhados por décadas numa luta complexa, para poder declarar com intenções egoístas que havia arquitetado um êxito histórico.

Iasser Arafat não queria ir. Ehud Barak estava lá principalmente para extrair dos palestinos a promessa de que iriam acabar com o conflito e, mais importante ainda, que todas as suas reivindicações (incluindo o direito de retorno dos refugiados) terminariam no momento em que o processo de Oslo tivesse sido concluído. Em primeiro lugar, Clinton sempre foi um oportunista, em segundo um sionista e um político desajeitado, em terceiro. Os palestinos eram o lado mais fraco e foram tão mal liderados quanto mal preparados. Clinton supôs que – já que seu tempo de mandato (e de Barak) estava terminando – poderia produzir uma cerimônia de paz que resultasse na capitulação palestina, uma cerimônia que iria para sempre consagrar sua presidência, apagando a memória de Monica Lewinsky e o escândalo do perdão de Marc Rich.

Esse plano grandioso fracassou completamente, é claro. Até mesmo algumas fontes norte-americanas divulgaram recentemente que concordavam com o argumento palestino de que a "oferta generosa" de Barak não era verdadeira, tampouco generosa. Robert Malley, membro do Conselho de Segurança do governo Clinton, publicou um relatório sobre o que de fato aconteceu e, apesar de ser crítico das táticas palestinas durante a reunião de cúpula de Camp

David, mostra claramente que Israel não estava nem perto de oferecer o que as aspirações nacionais legítimas palestinas exigiam. Mas Malley falou em julho de 2001, um ano depois que a reunião de Camp David terminou e bem depois que a eficiente máquina de propaganda israelense lançou o já costumeiro refrão de que Arafat havia rejeitado de má-fé a melhor oferta possível de Israel. Esse refrão foi instigado por Clinton, que repetidamente alegou que, enquanto Barak era um homem corajoso, Arafat se mostrou decepcionante. Essa tese foi inserida no discurso público desde então, para imenso prejuízo dos palestinos. Uma observação feita por um lapso da informação israelense que dizia que, depois de Camp David e Taba, nenhum palestino desempenhou um papel consistente em disseminar sua versão palestina da *débâcle* passou despercebida. Assim, Israel teve o campo aberto para si mesmo, com resultados em exploração e reações hostis virtualmente incalculáveis.

Eu tinha plena consciência do dano causado à Intifada pela forma como Israel se descrevia, ou seja, como amante da paz, rejeitado nos últimos encontros no verão e no inverno. Telefonei para membros da comitiva de Arafat, insistindo que convencessem seu líder a perceber a maneira como Israel fazia uso do silêncio da Autoridade Palestina, o qual rapidamente havia sido definido como equivalente verbal da violência palestina. Fiquei sabendo que Arafat estava inflexível, que se recusava a falar com seu povo, com os israelenses ou com o mundo, sem dúvida esperando que o destino ou seus próprios poderes milagrosos de não comunicação pudessem afetar a campanha de desinformação de Israel. De qualquer maneira, minha insistência não serviu para nada. Arafat e seus numerosos lacaios continuaram ineficazes, incapazes de entender a situação e, é claro, em grande medida silenciosos.

Devemos culpar a nós mesmos antes de tudo. Nem nossa liderança nem nossos intelectuais parecem ter se dado conta de que até mesmo um levante anticolonial corajoso não pode se explicar sozinho e que o que nós (e os outros árabes) consideramos como nosso direito de resistência pode ser apresentado pela máquina de propaganda de Israel como terrorismo ou violência sem princípios. Nesse ínterim, Israel persuadiu o mundo a esquecer sua ocupação violenta e suas punições coletivas terroristas – sem falar na sua incontrolável limpeza étnica – contra o povo palestino.

Realmente, pioramos as coisas para nós mesmos ao termos permitido que um incompetente como Arafat mudasse constantemente de posição sobre a questão da violência. Qualquer documento em favor dos direitos humanos autoriza os povos a resistirem à ocupação militar, à destruição de lares e propriedades e à expropriação de terra para criar assentamentos. Arafat e seus conselheiros parecem não ter compreendido que, ao aceitar cegamente a dialética unilateral israelense de violência e terror verbais, essencialmente abandonaram seu direito à resistência. Em vez de deixar claro que qualquer renúncia à resistência teria de ser acompanhada da retirada de Israel e de uma renúncia equivalente à ocupação, a liderança palestina deixou seu povo vulnerável a acusações de terror e violência. Tudo o que Israel fazia transformou-se em retaliação. Tudo o que os palestinos faziam era violência ou terror ou (em geral) ambos. O espetáculo resultante de um criminoso de guerra como Sharon denunciando a "violência" palestina foi pouco menos que repugnante.

Outra consequência da incompetência palestina foi ter deixado tranquilos os chamados ativistas da paz israelenses, transformando aquele triste grupo de seguidores em aliados silenciosos do lamentável governo de Israel liderado por Sharon. Alguns israelenses corajosos e de princípios, como os Novos Historiadores – Jeff Halper, Michel Warschavsky e seus grupos –, são uma exceção. Quantas vezes ouvimos os *peaceniks** oficiais arengarem sobre sua "decepção" pela "ingratidão" e violência palestina? Quantas vezes alguém lhes diz que seu papel é pressionar seu governo para acabar com a ocupação e não (como eles sempre fizeram) fazer um sermão a um povo sob ocupação sobre sua magnanimidade e suas esperanças frustradas? Poderia alguém, em 1944 – a não ser o mais reacionário francês –, ser tolerante com os pedidos dos alemães para que agisse de forma "razoável" durante a ocupação da França pela Alemanha? Não, claro que não. Mas nós toleramos os fanfarrões israelenses defensores da "paz" insistindo indefinidamente em como Barak foi "generoso", sem lembrá-los que cada um de seus líderes construiu seu nome como assassino ou opressor de árabes, de 1948 até o presente. Ben-Gurion comandou Nakba; Eshkol, as conquistas de 1967; Begin, Deir Yassin e Líbano; Rabin, o esmagamento da primeira Intifada e, antes disso, a evacuação de sessenta mil civis palestinos desarmados de Ramleh e Lydda em 1948; Peres, a destruição de Qana; Barak tomou parte pessoalmente no assassinato de líderes palestinos; Sharon liderou o massacre de Qibia e foi responsável por Sabra e Shatila. O verdadeiro papel dos pacifistas israelenses é fazer o que nunca fizeram seriamente, que é reconhecer

---

* Após o lançamento do *Sputnik* soviético, começou-se a denominar, nos Estados Unidos, tudo o que era contra à abordagem conservadora com a terminação "nik" acrescentada às palavras. Assim, o conhecido termo *beatniks* é resultado da denominação *beat*, que representava a geração de jovens rebeldes e inconformistas que experimentavam novas abordagens e linguagens nas artes e na literatura nos Estados Unidos depois da Segunda Guerra Mundial, com o complemento pejorativo "nik", dado pelos elementos conservadores hostis àquele suposto movimento cultural do país. No caso de *peaceniks*, o termo se refere pejorativamente aos indivíduos israelenses a favor de processos de paz e contra a guerra. (N.T.)

tudo isso e prevenir mais violações grosseiras pelo exército e pela força aérea israelenses contra um povo expulso e sem Estado, e não dar conselhos gratuitos aos palestinos ou expressar esperanças e decepção com o povo que Israel oprime há mais de meio século.

Mas a partir do momento que a liderança palestina abandonou seus princípios e fingiu ser uma grande potência, capaz de fazer o jogo das nações, fez cair sobre si o destino de uma nação fraca, sem soberania nem poder para fortalecer seus gestos e suas táticas. Tão hipnotizado está o sr. Arafat com seu pretenso *status* de presidente, viajando de Paris a Londres, a Pequim, ao Cairo, de uma inútil visita de Estado após a outra, que se esqueceu de que as armas que os fracos e os sem-Estado não podem nunca abandonar são seus princípios e seu povo. Estabelecer e defender a superioridade moral; continuar dizendo a verdade e lembrando ao mundo a imagem histórica completa; agarrar-se ao legítimo direito de resistência e restituição; mobilizar o povo em toda parte, em vez de ficar aparecendo com figuras do naipe de Chirac e Blair; não depender nem da mídia nem dos israelenses, mas de si mesmo para dizer a verdade. Isso é o que os líderes palestinos se esqueceram, primeiro em Oslo e depois em Camp David. Quando iremos, como povo, assumir a responsabilidade pelo que, afinal de contas, é nosso, e parar de depender de líderes que já não têm a menor ideia do que estão fazendo?

Publicado originalmente em *Al-Ahram*, n. 543, de 19 a 25 de julho de 2001.

A OCUPAÇÃO É A ATROCIDADE

Nos Estados Unidos, onde Israel tem sua principal base política, e de quem recebeu mais de 92 bilhões de doláres em ajuda desde 1967, o atentado a bomba de quinta-feira num restaurante de Jerusalém e o desastre de segunda-feira em Haifa, ambos acontecimentos que tiveram um terrível custo humano, são rapidamente explicados dentro de um quadro já familiar: Arafat não fez o suficiente para controlar seus terroristas; extremistas suicidas islâmicos estão em toda a parte, fazendo mal a "nós" e aos nossos principais aliados, impulsionados por puro ódio; Israel, portanto, deve defender sua segurança. Um indivíduo ponderado poderá acrescentar: essas pessoas têm lutado incansavelmente por milhares de anos, de qualquer forma; a violência deve parar; os dois lados têm sofrido demais, embora a maneira como os palestinos mandam seus filhos para a batalha seja outro sinal do quanto Israel tem tido de aguentar. E então, exasperado, mas ainda assim moderado, Israel invade Jenin, cidade sem fortificações nem defesas, com tratores e tanques, destruindo vários edifícios, entre os quais os da polícia da Autoridade Palestina. Depois manda seus propagandistas dizerem que era uma mensagem para Arafat controlar seus terroristas. Enquanto isso, Arafat e seu círculo estão suplicando pela proteção norte-americana, sem dúvida se esquecendo de que Israel é o aliado que goza da maior proteção dos Estados Unidos e que tudo que vai conseguir, pela enésima vez, é apenas uma ordem para parar a violência.

O fato é que Israel praticamente já ganhou a guerra de propaganda nos Estados Unidos, país onde está para colocar vários milhões de dólares numa campanha de relações públicas (usando astros como Zubin Mehta, Yitzhak Pearlman e Amos Oz) para melhorar ainda mais sua imagem. Mas consideremos o que Israel conseguiu com sua guerra implacável contra o indefeso, basicamente desarmado e mal conduzido povo palestino. A disparidade de poder é tão grande que dá vontade de chorar. Equipados com o poder aéreo mais moderno, não só produzido como presenteado gratuitamente pelos Estados Unidos, os israelenses possuem helicópteros com canhoneiras, mísseis, incontáveis tanques e uma marinha excelente, assim como um serviço de inteligência extremamente eficiente. Ou seja, Israel é uma potência nuclear abusando de um povo sem tanques, artilharia, força aérea (sua única e patética pista de decolagem em Gaza é controlada por Israel), marinha ou exército: nenhuma das instituições de um Estado moderno. A contínua e estarrecedora história dos trinta e quatro anos de ocupação militar de terra palestina ilegalmente conquistada (a segunda mais longa da história moderna) tem se apagado da memória pública quase em toda a parte, assim como a destruição da sociedade palestina em 1948 e a expulsão de 68 por cento da população local, da qual 4,5 milhões de pessoas continuam vivendo como refugiados nos dias de hoje. Por trás das resmas de propaganda, as características evidentes da pressão diária de Israel, por várias décadas, sobre um povo que tem como maior pecado por acaso estar vivendo lá, no meio de seu caminho, são chocantemente perceptíveis em seu sadismo desumano. O confinamento fantasticamente cruel de 1,3 milhão de pessoas, apertadas como sardinhas humanas na Faixa de Gaza, além dos quase 2 milhões de residentes palestinos da Cisjordânia, não tem paralelos nos anais do *apartheid* ou do colonialismo. Caças F-16 nunca foram usados para bombardear lares sul-africanos. Mas são usados contra as cidades e vilarejos palestinos. Todas as entradas e saídas são controladas por Israel (Gaza está completamente cercada por uma cerca de arame farpado), que também detém todo o fornecimento de água. Dividida em aproximadamente sessenta e três cantões não contíguos, completamente cercada e sitiada por tropas israelenses, pontuada por cento e quarenta assentamentos (muitos deles construídos durante o governo Barak), com uma rede de estradas própria, de acesso proibido aos "não judeus", como são chamados os árabes, juntamente com outros epítetos depreciativos, como ladrões, cobras, baratas e gafanhotos, os palestinos sob ocupação, agora, foram reduzidos a 60 por cento de desemprego e uma taxa de pobreza de 50 por cento (metade das pessoas de Gaza e da Cisjordânia vive com menos de dois doláres por dia); eles não podem viajar de um lugar para outro; são obrigados a esperar em longas filas em postos de controle israelenses, que detêm e humilham os idosos, os doentes, os estudantes e os religiosos por horas a fio; cento e cinquenta mil de suas oliveiras e árvores cítricas foram arrancadas como punição; duas mil de suas casas, demolidas; muitos hectares de suas terras foram destruídos ou expropriados para servirem de assentamentos militares.

Desde que a Intifada da Al-Aqsa começou, no final do último setembro, 609 palestinos foram assassinados (quatro vezes mais que as mortes de israelenses) e 15 mil feridos (doze vezes mais que do outro lado). Os assassinatos regulares realizados pelo exército israelense foram de supostos terroristas escolhidos indiscriminadamente. Na maior parte das vezes, mataram civis inocentes como moscas. Na última semana, 14 palestinos foram assassinados pelas forças israelenses que usavam mísseis e canhoneiras de helicópteros; os palestinos assassinados, portanto, foram "impedidos" de matar israelenses no futuro, apesar de, nessa ocasião, pelo menos duas crianças e cinco inocentes também terem perdido a vida, para não dizer nada sobre outros tantos civis feridos e diversos edifícios destruídos – parte do efeito colateral, de alguma forma aceitável para os israelenses. Sem nome nem rosto, as vítimas palestinas diárias de Israel raramente são mencionadas nos noticiários americanos, apesar de – por razões que eu simplesmente não consigo entender – Arafat ainda estar esperando que os americanos resgatem a si e ao seu regime em desintegração.

E isso não é tudo. O plano de Israel não é apenas manter a terra e povoá-la com colonos armados assassinos que, protegidos pelo exército, levam a destruição aos pomares, às crianças em idade escolar e aos lares palestinos; o projeto israelense é, como afirmou a pesquisadora americana Sara Roy, fazer regredir a sociedade palestina, tornar a vida impossível para a população local, com o objetivo de obrigar os palestinos a sair, a desistir de sua terra de alguma forma ou a fazer algo insano, como explodir a si mesmos. Desde 1967, líderes foram presos e deportados pelo regime de ocupação de Israel, pequenos negócios e fazendas tornaram-se inviáveis, ao serem confiscadas e simplesmente destruídas, estudantes foram impedidos de estudar, universidades foram fechadas (em meados dos anos 1980, as universidades palestinas na Cisjordânia foram fechadas por quatro anos). Nenhum agricultor ou empresário palestino pode exportar diretamente a um país árabe; seus produtos devem passar por Israel. Impostos também são pagos ao Estado israelense. Depois que o processo de paz de Oslo começou, em 1993, a ocupação foi simplesmente remodelada: apenas 18 por cento da terra foi entregue à Autoridade Palestina liderada por Arafat, uma organização corrupta e similar ao governo Vichy, já que sua função parece ter sido somente a de policiar e cobrar impostos de seu povo para o agrado de Israel. Após oito infrutíferos e miseráveis anos desde as negociações de Oslo, arquitetadas por uma equipe americana de antigos lobbistas israelenses, como Martin Indyk e Dennis Ross, Israel continua a controlar as terras, a ocupação apresentada mais eficientemente e a frase "processo de paz" criou uma aura de consagração que permite mais abusos, mais assentamentos, mais prisões e mais sofrimento palestino que antes. Incluindo um leste de Jerusalém "judaizado", com a Orient House ocupada e seu conteúdo saqueado (como havia feito com os arquivos da OLP em Beirute, em 1982, Israel roubou os registros, títulos de terra, mapas valiosos do local), o governo israelense implantou não menos de 400 mil colonos em solo palestino. Chamá-los de espreitadores e bandidos não é um exagero.

Vale a pena lembrar que duas semanas após a visita desnecessariamente arrogante de Sharon a Haram Al-Sharif, em Jerusalém, em 28 de setembro, acompanhado de mil soldados e seguranças fornecidos pelo primeiro-ministro Barak, Israel foi condenado unanimemente por essa ação pelo Conselho de Segurança da ONU. Depois, como até mesmo uma criança poderia ter previsto, a rebelião anticolonial irrompeu, tendo como suas primeiras vítimas oito palestinos assassinados. Sharon foi levado ao poder essencialmente para "subjugar" os palestinos, dar-lhes uma lição, livrar-se deles. Seu histórico como matador de árabes data de trinta anos, antes dos massacres de Sabra e Shatila, supervisionados por suas forças em 1982 e pelos quais foi indiciado numa corte belga. Ainda assim, Arafat quer negociar com ele e chegar, talvez, a um arranjo cômodo para salvaguardar a própria Autoridade sob seu comando, que Sharon sistematicamente está desmantelando, destruindo, arrasando.

Mas ele tampouco é um bobo. A cada ato de resistência palestina, suas forças aumentavam a pressão um pouco mais, apertando cada vez mais o cerco; tomando mais terra; tornando um hábito incursões mais profundas e em maior número, em cidades palestinas como Jenin e Ramallah; cortando mais suprimentos; abertamente assassinando líderes palestinos; tornando a vida mais intolerável; redefinindo os termos das ações do seu governo, que certa vez fez "concessões generosas" enquanto "defendia" a si mesmo; que "previne" o terrorismo; que dá "segurança" a certas áreas; que "restabelece" o controle; e assim por diante. Ao mesmo tempo, ele e seus lacaios atacam e desumanizam Arafat, chegando a ponto de dizer que ele é um "arquiterrorista" (apesar de ele literalmente não poder se mover sem a permissão de Israel), e que "nós" não estamos em nenhuma guerra contra o povo palestino. Que dádiva para aquele povo! Com tal "comedimento", por que uma invasão maciça, cuidadosamente divulgada para aterrorizar os palestinos ainda mais sadicamente, seria necessária? Israel sabe que pode retomar seus edifícios à vontade (como mostram o roubo em grande escala da Orient House de Jerusalém, assim como o de mais nove outros edifícios, escritórios, bibliotecas e arquivos, lá e em Abu Dis), da mesma maneira pela qual quase já eliminou os palestinos como povo.

Essa é a verdadeira história da pretensa "vitimização" de Israel, construída há vários meses com cuidado premeditado e má intenção. A linguagem foi separada da realidade. Não tenham pena dos inaptos governos árabes que não podem e não farão nada para deter Israel: tenham pena do povo que carrega as feridas na pele e no corpo descarnado de seus filhos, alguns dos quais acreditam no martírio como a única saída. E Israel, presa numa campanha sem futuro, agredindo a torto e a direito, sem piedade? Como disse, em 1925, James Cousins, o poeta e crítico irlandês, o colonizador está nas garras de "preocupações falsas e egoístas, que impedem que dê atenção à evolução natural de seu próprio gênio nacional, e o desvia do caminho de aberta retidão para tortuosos atalhos do pensamento, discurso e ação desonestos, na defesa artificial de uma falsa posição". Todos os colonizadores seguiram esse caminho, sem nada aprender e sem nada que os detenha. No final, quando os israelenses deram as costas a vinte e dois anos de ocupação do Líbano, saíram de seu território, deixando para trás um povo exausto e mutilado. Se o objetivo era atender às aspirações dos judeus, por que exigiu tantas vítimas de outro povo que não tinha absolutamente nada a ver com a perseguição e o exílio judeu?

Com Arafat e companhia no comando, não há esperança. O que faz esse homem, grotescamente se refugiando no Vaticano, em Lagos e em outros lugares distintos, pleiteando, sem dignidade nem inteligência, por observadores imaginários, por ajuda árabe, por apoio internacional, em vez de ficar com seu povo, tentando ajudá-lo com suprimentos médicos, medidas para levantar seu moral e agindo como uma verdadeira liderança? O que precisamos é de uma liderança unificada, com pessoas que estejam na região, que estejam de fato resistindo, que estejam realmente com o povo e que façam parte do povo e não de burocratas gordos, que fumam charutos, que querem seus acordos de negócios preservados, que seus passes VIP sejam renovados e que perderam todo traço de decência ou credibilidade. Uma liderança unificada que tome posição e planeje ações destinadas não a promover um retorno a Oslo (pode-se imaginar a loucura dessa ideia?), mas a ir em frente com a resistência e a libertação, em vez de confundir as pessoas com conversas sobre negociações e o estúpido Plano Mitchell.

Arafat está acabado: por que não admitimos que ele não pode nem liderar, nem planejar, nem fazer nada que faça diferença, exceto para ele próprio e seus amigos de Oslo, que se beneficiaram materialmente da miséria de seu povo? Todas as pesquisas mostram que sua presença impede que qualquer avanço se torne possível. Precisamos de uma liderança unificada para tomar decisões e não simplesmente para se humilhar diante do papa e do estúpido George W. Bush, mesmo que os israelenses estejam matando nosso heroico povo impunemente. Um líder deve liderar a resistência, refletir as realidades na área, responder às necessidades de seu povo, planejar, pensar, se expor aos mesmos perigos e dificuldades que todos vivenciam. Lutar pela libertação da ocupação israelense é a posição de todo palestino que tem algum valor: Oslo não pode ser reconstituído ou reelaborado, como Arafat e companhia poderiam querer. O tempo acabou para eles, e o quanto antes fizerem as malas e se forem, melhor será para todos.

Publicado originalmente em *Al-Ahram*, n. 547, de 16 a 22 de agosto de 2001.

Propaganda e guerra

Nunca a mídia teve tanta influência para determinar o curso de uma guerra do que durante a Intifada da Al-Aqsa, a qual, no que diz respeito à mídia ocidental, tornou-se essencialmente uma batalha por imagens e ideias. Israel já colocou centenas de milhões de dólares naquilo que em hebraico é chamado de *hasbara*, informação para o mundo exterior (ou seja, propaganda). Isso incluiu toda uma gama de esforços: almoços e viagens gratuitas para jornalistas influentes; seminários para estudantes universitários judeus que, numa semana numa propriedade estatal isolada, podem ser instruídos a "defender" Israel no *campus*; bombardear congressistas com convites e visitas; panfletos e, mais importante ainda, dinheiro para campanhas eleitorais; direcionar (ou, se for necessário, hostilizar) fotógrafos e repórteres da atual Intifada, para obrigá-los a produzir certas imagens e não outras; *tours* de palestras e concertos musicais realizados por israelenses proeminentes em outros países; treinar comentaristas para fazer referências frequentes ao Holocausto e à difícil situação atual de Israel; publicar muitos anúncios em jornais atacando os árabes e exaltando Israel; e assim por diante. O fato de tantas pessoas poderosas da mídia e do setor de publicações apoiarem Israel facilita muito a tarefa.

Apesar de esses serem apenas alguns dos expedientes usados por todos os governos modernos, sejam democráticos ou não, desde os anos 1930 e 1940, para atingir seus objetivos – para conseguir o consentimento e a aprovação dos consumidores de informações –, nenhum país ou *lobby* os usou de maneira tão eficiente e por tanto tempo nos Estados Unidos quanto Israel.

Orwell chamava esse tipo de informação falsa de *newspeak* ou "pensamento duplo": a intenção de encobrir ações criminosas, como o assassinato injusto de pessoas, com um verniz de justificativa e razão. No caso de Israel, que sempre teve a intenção de silenciar ou tornar os palestinos invisíveis, enquanto lhes roubava sua terra, isso tem sido na prática uma supressão da verdade, ou pelo menos de grande parte dela, bem como uma enorme falsificação da história. Nos últimos meses, Israel tem, com êxito, tentado provar ao mundo que é uma vítima inocente da violência e do terror palestinos e que os árabes e muçulmanos não têm nenhuma razão para estarem em conflito com Israel a não ser por um irredutível ódio irracional pelos judeus. Nem mais nem menos. E o que fez essa campanha tão eficiente é o duradouro sentimento de culpa do Ocidente pelo antissemitismo. O que poderia ser mais eficiente do que transferir essa culpa para outro povo, o árabe, e consequentemente se sentir não apenas justificado, mas positivamente aliviado porque algo bom foi feito para um povo tão sofrido e perseguido? Defender Israel a todo custo – mesmo que Israel esteja ocupando militarmente a terra palestina, com poderosas forças armadas, e esteja assassinando e ferindo palestinos numa proporção de quatro ou cinco por um –, esse é o objetivo da propaganda. Isso, e continuar fazendo as mesmas coisas, mas aparentando ser a vítima.

Sem qualquer dúvida, contudo, o extraordinário sucesso desse esforço imoral, sem paralelos na história, foi conseguido, em parte, não apenas por causa do cuidadoso planejamento e execução de todos os detalhes, mas pelo fato de o lado árabe ser praticamente inexistente. Quando nossos historiadores olharem para trás, para os primeiros cinquenta anos da existência de Israel, poderão ver uma enorme responsabilidade histórica pesar acusadoramente sobre os ombros dos líderes árabes, que permitiram criminosamente – sim, criminosamente – que isso continuasse, sem dar uma resposta minimamente adequada ou satisfatória. Em vez disso, lutaram uns contra os outros ou se agarraram em proveito próprio na malfadada teoria de que, ao cortejar o governo americano (até mesmo se tornando clientes dos Estados Unidos) garantiriam para si a longevidade no poder, independentemente de os interesses árabes estarem sendo atendidos ou não. Essa noção se tornou tão profundamente arraigada que até mesmo a liderança palestina a adotou. O resultado é que, embora a Intifada continue ocorrendo, o americano médio ainda não tem a menor ideia de que há uma narrativa do sofrimento e confisco dos palestinos pelo menos tão antiga quanto o próprio Estado de Israel. Enquanto isso, os líderes árabes correm para Washington, implorando pela proteção americana, sem sequer compreender que três gerações de americanos cresceram influenciados pela propaganda israelense que dizia que os árabes são terroristas mentirosos e que é errado fazer negócios com eles, e mais ainda protegê-los.

Desde 1948, os líderes árabes nunca se preocuparam em confrontar a propaganda israelense nos Estados Unidos. Toda a imensa quantidade de dinheiro árabe investida em gastos militares (primeiro em armas soviéticas, depois ocidentais) deram em nada, porque os esforços árabes nunca foram protegidos pela informação nem explicados por uma organização paciente e sistemática. O resultado é que, literalmente, centenas de milhares de vidas árabes foram perdidas por nada, nada mesmo. Os cidadãos da única superpotência do mundo foram levados a crer que tudo o que o árabes fazem e são representa desperdício, violência, fanatismo e antissemitismo. Israel é "nosso" único aliado. E assim, 92 bilhões de dólares em ajuda financeira saíram, desde 1967, sem nenhum questionamento, dos bolsos do contribuinte norte-americano para o Estado judeu. Como eu disse anteriormente, uma total ausência de raciocínio e planejamento *vis-à-vis* na arena política e cultural dos Estados Unidos é, em boa parte (mas não exclusivamente), culpada pela impressionante quantidade de terra e vidas árabes perdidas para Israel (subsidiada pelos Estados Unidos) desde 1948, um crime político de grandes proporções pelo qual eu espero que os líderes árabes algum dia paguem.

Lembro-me de que durante o cerco a Beirute, em 1982, uma grande organização não governamental, composta de empresários palestinos bem-sucedidos e intelectuais proeminentes, se reuniu em Londres para criar um fundo de ajuda para os palestinos em todos os níveis. Com a OLP encurralada em Beirute e incapaz de fazer muita coisa, parecia que uma mobilização desse tipo poderia nos ajudar a ajudarmos a nós mesmos. Também me recordo que, à medida que os fundos rapidamente foram arrecadados, uma decisão foi tomada depois de muita discussão: a metade de todo dinheiro deveria ser investida em informação para o Ocidente. Sentia-se que se – como sempre – os palestinos estavam sendo oprimidos por Israel sem que quase nenhuma voz se levantasse no Ocidente para apoiar as vítimas, era imperativo que o dinheiro fosse gasto em anúncios, tempo na mídia, *tours* e atividades similares, para tornar mais difícil a matança e a continuidade da opressão dos palestinos sem quaisquer queixas ou uma tomada de consciência. Acreditávamos que isso seria especialmente importante nos Estados Unidos, onde o dinheiro dos contribuintes era usado para subsidiar guerras, assentamentos e conquistas ilegais de Israel. Durante quase dois anos, essa política foi seguida; então, por motivos que eu nunca compreendi, os esforços para ajudar os palestinos nos Estados Unidos terminaram abruptamente. Quando perguntei a razão, fui informado por um certo cavalheiro palestino, que havia feito fortuna no Golfo, que era um desperdício "jogar dinheiro fora" nos Estados Unidos. A filantropia agora dirige-se exclusivamente para os territórios ocupados do Líbano, onde aquele fundo age muito bem, mas numa escala muito menor se comparada aos projetos financiados pela União Europeia e por numerosas fundações americanas.

Algumas semanas atrás, o Comitê Antidiscriminação Árabe-Americano (ADC), de longe a maior e mais eficiente organização árabe-americana nos Estados Unidos, encomendou uma pesquisa de opinião sobre as atuais perspectivas americanas em relação ao conflito israelense-palestino. Uma amostra muita ampla e significativa da população foi ouvida, com resultados muito impressionantes, para não dizer desanimadores. Ainda se acredita que os israelenses são um povo pioneiro e democrático, embora nenhum líder israelense tenha se saído bem na pesquisa. Setenta e três por cento do povo americano aprovam a ideia de um Estado palestino, um resultado realmente surpreendente. A interpretação que podemos fazer dessa estatística é que, quando se pergunta a um americano culto, que assiste a televisão e lê jornais, se ele se identifica com a luta palestina por independência e liberdade, a resposta é na maioria das vezes afirmativa. Mas se for perguntado à mesma pessoa que ideia ela tem dos palestinos, a resposta é quase sempre negativa: violência e terrorismo. A imagem que se tem dos palestinos parece ser a de indivíduos intransigentes, agressivos e "estranhos": ou seja, não são como "nós". Mesmo quando a pergunta é que opinião têm dos jovens que jogam pedras nas ruas contra tanques e soldados – os quais acreditamos serem Davis lutando contra Golias –, a maioria dos americanos vê agressão em vez de heroísmo. Os americanos ainda culpam os palestinos por obstruir o processo de paz, mais especificamente Camp David. Os ataques suicidas de homens-bomba são vistos como "desumanos" e condenados universalmente.

O que os americanos pensam dos israelenses não é muito melhor, mas há uma identificação maior com eles como povo. O mais perturbador é que nenhum dos americanos questionados conhecia a história palestina; não sabia nada sobre 1948; e nada sobre a ocupação militar ilegal de Israel por trinta e quatro anos. O principal modelo narrativo que domina o pensamento americano ainda parece ser o romance de Leon Uris, *Exodus**, de 1950. Tão alarmante quanto isso é o fato de que as opiniões mais negativas na pesquisa estavam relacionadas ao que os americanos pensavam e diziam sobre Iasser Arafat, seu uniforme (visto como desnecessariamente "militante"), seu discurso, sua presença.

No geral, então, a conclusão é que os palestinos não são vistos nem em termos de possuir uma história própria, nem em termos de uma imagem humana que as pessoas possam se identificar facilmente. Tão bem-sucedida tem sido a propaganda israelense que faz parecer que os palestinos realmente têm poucas, se é que têm, conotações positivas. Eles estão quase que completamente desumanizados.

---

* Ed. bras.: *Exodus*. Rio de Janeiro, Record, 1997.

Cinquenta anos de propaganda israelense não contestada nos Estados Unidos nos levaram a ponto de – por não termos resistido ou contestado essas terríveis falsas representações de maneira significativa, com nossas próprias imagens e mensagens – estarmos perdendo milhares de vidas e hectares de terra sem incomodar a consciência de ninguém. O correspondente do *Independent*, Phil Reeves, escreveu, com emoção, em 27 de agosto, que os palestinos estão morrendo ou sendo esmagados por Israel e o mundo olha em silêncio.

Cabe, pois, aos árabes e palestinos de toda a parte quebrar o silêncio, não com tiros, lamentações ou reclamações, mas de uma maneira racional, organizada e eficiente. Deus sabe que não temos motivo para fazer tudo aquilo, mas a lógica fria é necessária agora. Na mente americana, não se fazem costumeiramente analogias enfáticas com a luta de libertação da África do Sul ou com o horrível destino dos índios americanos. Devemos fazer essas analogias, sobretudo, para que nos vejam como seres humanos, e, então, poderemos reverter esse processo duro e cínico, no qual, por exemplo, colunistas americanos como Charles Krauthammer e George Will ousam pedir por mais matanças e bombardeamento dos palestinos, uma sugestão que não se atreveriam a fazer contra nenhum outro povo. Por que deveríamos aceitar passivamente para o nosso povo o mesmo destino de insetos? Para sermos assassinados indiscriminadamente, com o apoio americano, sempre que o criminoso de guerra Sharon decidir eliminar mais alguns de nós?

Por isso, fiquei contente em saber, pelo presidente da ADC, Ziad Asali, que sua organização está prestes a embarcar numa campanha de informação pública sem precedentes na grande mídia para redirecionar a questão e apresentar os palestinos como seres humanos – é possível acreditar na ironia de tal necessidade? –, da mesma forma que mulheres podem ser professoras e médicas ao mesmo tempo que mães; homens que trabalham no campo e são engenheiros nucleares; pessoas que viveram anos e anos de ocupação militar e ainda estão lutando. (A propósito, um impressionante resultado da pesquisa é que menos de três ou quatro por cento dos entrevistados tinham alguma ideia que havia uma ocupação israelense. Portanto, o fato mais importante da existência palestina tem sido obscurecido pela propaganda israelense). Esse esforço nunca foi feito nos Estados Unidos: foram cinquenta anos de silêncio, que estão prestes a ser rompidos.

Mesmo que seja modesto, o anúncio da campanha da ADC é também um importante passo. Considerem que o mundo árabe parece estar num estado de paralisia moral e política, seus líderes tolhidos por seus laços com Israel e, mais importante ainda, com os Estados Unidos, e seus povos mantidos num estado de ansiedade e repressão. Os palestinos em Gaza e na Cisjordânia – como já havia ocorrido com eles próprios e com seus bravos camaradas libaneses, em 1982, quando dezenove mil foram assassinados pelo poderio militar israelense –, estão morrendo não apenas porque Israel tem o poder de matá-los com impunidade, mas porque, pela primeira vez na história moderna, a aliança ativa entre propaganda no Ocidente e a força militar, que foi criada por Israel e seus defensores, permitiu a punição coletiva contínua dos palestinos com os dólares do contribuinte americano, dos quais 5 bilhões vão para Israel anualmente. A forma como os palestinos são representados na mídia mostra um povo sem história nem humanidade, gente agressiva que joga pedras e defende a violência. Isso possibilitou ao pouco inteligente mas politicamente astuto George Bush culpar os palestinos pela violência. Essa nova campanha da ADC veio para restaurar a história e humanidade dos palestinos e para mostrá-los como sempre foram: pessoas "como nós", que lutam pelo direito de viver em liberdade, de criar seus filhos, de morrer em paz. Quando lampejos dessa história penetrarem na consciência americana, a verdade irá, espero, começar a dissipar a vasta nuvem de propaganda malévola com a qual Israel cobriu a realidade. Como é claro que a campanha da mídia pode ir somente até um certo ponto, a esperança é que os árabes americanos se sintam suficientemente fortalecidos para entrar na batalha política nos Estados Unidos para tentar quebrar, modificar ou desgastar o vínculo que une a política americana tão firmemente a Israel. E, então, nós poderemos ter esperança de novo.

Publicado originalmente em *Al-Ahram*, n. 549, de 30 de agosto a 5 de setembro de 2001.

Islã e Ocidente são bandeiras inadequadas

O imenso horror que atingiu Nova York (e em grau menor Washington) introduziu um novo universo de agressores incógnitos e desconhecidos, missões terroristas sem mensagem política, destruição sem sentido.

O medo, a consternação e uma sensação de raiva e indignação irão certamente perdurar por muito tempo entre os moradores dessa cidade ferida, bem como a verdadeira tristeza de que tamanha carnificina tenha sido imposta a tantos.

Foi para a sorte dos nova-iorquinos que o prefeito Rudy Giuliani, figura geralmente de linha dura, desagradavelmente combativa, até mesmo retrógrada, tenha rapidamente atingido um *status* churchilliano. Com calma, sem sentimentalismos e com extraordinária compaixão, ele liderou os heroicos bombeiros, a polícia e os serviços de emergência da cidade, atingindo resultados admiráveis mas, infelizmente, com uma enorme perda de vidas. Partiu de Giuliani a primeira voz de cautela contra o pânico e os ataques xenófobos às grandes comunidades árabe e muçulmana da cidade, a primeira a exprimir o sentimento comum de angústia, a primeira a tentar convencer a população a retomar a vida após o impressionante golpe.

Que bom seria se isso fosse tudo. Insistentemente e nem sempre de maneira muito edificante, as reportagens das emissoras nacionais de TV trouxeram para dentro de cada casa, é claro, o horror dos atentados aéreos. A maioria dos comentários enfatizaram, de fato aumentaram, o que seria esperado e previsível nos sentimentos da maioria dos americanos: terrível perda, raiva, senso de vulnerabilidade e um incontido desejo de vingança e retribuição. Além das frases prontas de dor e patriotismo, políticos e especialistas conceituados têm dito e redito que não seremos vencidos ou desencorajados antes que todo terrorismo seja exterminado. Essa é uma guerra contra o terrorismo, todos dizem, mas onde, em que frentes, para que fins concretos? Nenhuma resposta é dada, exceto a vaga sugestão de que é contra o Oriente Médio e o Islã que "nós" nos posicionamos e que o terrorismo deva ser destruído.

O mais deprimente, porém, é quão pouco tempo é dedicado à compreensão do papel dos Estados Unidos no mundo e seu envolvimento direto na complexa realidade existente para além das duas costas que por tanto tempo mantiveram tão distante o resto do mundo, virtualmente excluído da mente do americano médio. Tem-se a ideia de que a "América" é antes um gigante adormecido do que uma superpotência em guerra quase constante, ou em algum tipo de conflito, em todo o domínio islâmico. Antes de Osama bin Laden e seus seguidores se tornarem símbolo de tudo o que há de mais detestável para o imaginário coletivo, a sua história era tão familiar quanto insignificante para os norte-americanos. Inevitavelmente, portanto, as paixões coletivas estão sendo direcionadas à perseguição de uma guerra, que estranhamente se parece mais com a busca de Moby Dick pelo capitão Ahab do que ao que realmente é: uma potência imperialista atingida em casa pela primeira vez, perseguindo sistematicamente os seus interesses em uma geografia do conflito de repente reconfigurada, sem fronteiras claras nem atores visíveis.

Hoje, o que necessitamos é chegar a uma compreensão racional da situação para pôr fim a toda retórica, símbolos e cenários apocalípticos. George Bush e sua equipe claramente preferem o último ao primeiro. No entanto, para a maior parte das pessoas do mundo islâmico e árabe, os Estados Unidos oficiais são sinônimo de poder arrogante, conhecido por seu generoso apoio financeiro não apenas a Israel mas a inúmeros regimes árabes opressores, e por sua pouca consideração sequer pela possibilidade de diálogo com movimentos seculares e populações que enfrentam verdadeiros problemas. Nesse contexto, o antiamericanismo não se baseia no ódio pela modernidade ou inveja da tecnologia: baseia-se numa história de intervenções concretas, depredações específicas e nos casos de sofrimento do povo iraquiano sob as sanções impostas pelos Estados Unidos e de apoio norte-americano aos trinta e quatro anos de ocupação israelense dos territórios palestinos. Israel está cinicamente explorando a catástrofe americana através da intensificação de sua ocupação militar e opressão aos palestinos. A retórica política nos Estados Unidos apagou tudo isso, lançando indiscriminadamente termos como "terrorismo" e "liberdade", quando na realidade tamanhas abstrações escondem interesses materiais sórdidos, a influência do petróleo, *lobbies* sionistas e de defesa, consolidando o seu domínio sobre todo o Oriente Médio, e uma antiga hostilidade religiosa (e ignorância) sobre o Islã assumindo novas formas todos os dias.

A responsabilidade intelectual, porém, requer um senso mais crítico da atualidade. É claro que o terror tem estado presente em praticamente todo movimento moderno de luta, que conta ou contou com o terror em um ou outro estágio do seu desenvolvimento. Isso vale para o CNA de Mandela, assim como para muitos outros, inclusive o movimento sionista. Por outro lado, bombardear civis indefesos com caças F-16 e helicópteros possui a mesma estrutura e gera os mesmos efeitos que o terror nacionalista mais convencional.

O que é ruim em todo terror é quando ele vem associado a abstrações religiosas e políticas e mitos redutores que tendem a se afastar da história e da compreensão. É aqui que a consciência secular tem de se fazer sentir, seja nos Estados Unidos ou no Oriente Médio. Nenhuma causa, nenhum deus, nenhuma ideia abstrata pode justificar o massacre de inocentes, particularmente quando apenas um pequeno grupo de pessoas está a cargo das ações e acredita representar uma causa sem possuir um verdadeiro mandato para tal.

Além disso, assunto já muito discutido entre os próprios muçulmanos, é que não há um único Islã, mas vários. A diversidade é uma característica de todas as tradições, religiões ou nações, mesmo que alguns de seus membros tenham futilmente tentado traçar fronteiras ao seu redor e demarcar o seu credo. A história é demasiadamente complexa e contraditória para ser representada por demagogos muito menos representativos do que supõem tanto os seus seguidores como opositores. O problema com os fundamentalistas morais ou religiosos é que hoje suas concepções primitivas de revolução e resistência, incluindo uma disposição de matar e morrer, parecem estar muito facilmente ligadas à sofisticação tecnológica e o que parecem ser atos gratificantes de retaliação horrorífica. Os terroristas suicidas que se lançaram sobre Nova York e Washington eram aparentemente homens educados de classe média, e não refugiados pobres. Em vez de receber uma liderança sábia que enfatiza a educação, mobilização de massas e a organização paciente ao serviço de uma causa, os pobres e desesperados são, com demasiada frequência, atraídos pelo pensamento mágico e pelas rápidas soluções sangrentas embutidas em semelhantes modelos religiosos.

Por outro lado, o imenso poder econômico e militar não são garantia de sabedoria ou visão moral. Vozes céticas e humanas estiveram em grande medida ausentes na atual crise, na medida em que os Estados Unidos se preparam para uma longa guerra a ser travada alhures, em alguma parte, juntamente com aliados surgidos via pressões duvidosas e para fins imprecisos. Devemos recuar das fronteiras imaginárias que separam as pessoas umas das outras e reexaminar as etiquetas, reconsiderar os limitados recursos disponíveis, resolver dividir nossos destinos como as culturas têm em geral feito, apesar dos credos e gritos belicosos.

"Islã" e "Ocidente" simplesmente não são bandeiras a se seguir. Alguns correrão atrás delas, mas que as gerações futuras se condenem a uma guerra prolongada e ao sofrimento sem sequer uma pausa para a reflexão crítica, sem olhar para as histórias interdependentes de injustiça e opressão, sem ensaiar uma comum iluminação e emancipação, parece mais obstinação do que necessidade. A demonização do outro não pode constituir a base de qualquer espécie de política decente, principalmente não agora que as raízes do terror podem ser atribuídas à injustiça, e os terroristas, isolados, impedidos ou tirados de atividade. Será preciso paciência e educação, mas vale mais o investimento do que ceder a níveis ainda maiores de sofrimento e violência em larga escala.

Publicado originalmente em *The Guardian*, em 16 de setembro de 2001.

Conhecendo Israel como realmente é

A palavra "Israel" tem uma ressonância um tanto especial em inglês, principalmente nos Estados Unidos. Quando se ouve os políticos repetir o conhecido mantra sobre apoiar e fortalecer Israel, percebe-se que não é de fato um país ou Estado que está em discussão, mas sim uma ideia ou uma espécie de talismã, que de longe transcende o *status* de qualquer Estado ou país do mundo.

Algumas semanas atrás, a senadora Hillary Clinton declarou publicamente que estava doando 1.250 doláres aos colonos israelenses para que pudessem comprar mais máscaras de gás e capacetes. Tudo isso – ela acrescentou solenemente, sem um traço de ironia ou de humor negro que a situação mereça – como parte de seu compromisso de manter Israel forte e seguro. Naturalmente, pelo menos para aqueles de nós que vivem nos Estados Unidos, esse episódio foi noticiado como algo normal, e não o evento bizarro e grotesco que na realidade foi.

Jornais como o *The New York Times* e o *Washington Post* estão cheios de colunistas como William Safire e Charles Krauthammer, que em qualquer outro contexto pareceriam completamente malucos. Ambos vêm elogiando e defendendo o governo de Sharon, não porque ele se mostrou inclinado a usar a força bruta e, em geral, a realizar ações estupidamente destrutivas, mas porque – argumentam de forma hipócrita – ele é a única figura capaz de impor aos palestinos o tipo de argumento disciplinar necessário para fazer com que se comportem.

Sharon propôs generosamente lhes dar 42 por cento da Cisjordânia – ou talvez um pouco mais –, mantendo todos os assentamentos de Israel e cercando permanentemente os territórios palestinos com muros israelenses: essa seria, para ele, uma boa forma de resolver com sensatez a Intifada. Ele afirmou, numa entrevista ao *Jerusalem Post*, que, afinal de contas, "nós" temos um milhão de árabes em Israel; por que "eles" (os palestinos) não podem tolerar algumas centenas de milhares de colonos israelenses? Mais uma coisa sobre os defensores de Sharon nos Estados Unidos: é fascinante a forma como se arrogam o direito, como americanos, de dizer a Israel o que deveria fazer e pensar, para seu próprio bem.

Israel, portanto, tem sido internalizada, como uma fantasia pessoal de cada defensor americano, ou, pelo menos, assim as aparências parecem sugerir. Ainda assim, os judeus americanos têm uma relação especial com Israel, que talvez lhes dê o direito a um maior grau de envolvimento e condições para dizer àquele país o que deveria fazer, e este é, especificamente, o mais impressionante aspecto do que eu estou discutindo sobre questões de segurança. Ninguém se dá ao trabalho de perceber que são os cidadãos israelenses que estão maquinando e lutando, e não os judeus distantes, da diáspora.

Tudo isso faz parte da domesticação de Israel, que o mantém distante da história e das consequências de suas ações. Quando alguém ousa dizer que Israel está acumulando ódio e vingança contra si no coração de cada árabe, por causa de seus bombardeios e suas punições coletivas, é acusado de ser antissemita. Justiça e sabedoria não são considerados parte desse processo; somente haveria, aparentemente (no caso dos críticos árabes de Israel), um ódio insensato e profundamente arraigado aos judeus.

Portanto, é quase um milagre que, apesar de anos de ocupação militar, Israel nunca tenha sido identificado com o colonialismo ou com as práticas colonialistas. Isso me parece a maior falha de todas, tanto da informação e do discurso palestinos quanto dos dissidentes israelenses, quando eles decidem criticar a política governamental de Israel. A edição da *New York Review of Books*, de 17 de maio de 2001, publicou um excelente artigo, intitulado "Até onde pode chegar Sharon?", escrito por Avishai Margalit, professor de filosofia da Hebrew University, que é totalmente diferente das análises americanas sobre a situação, porque: a) não mede palavras sobre as punições israelenses contra os palestinos; e b) não tenta encobrir a situação com uma linguagem elaborada sobre a segurança israelense, um hábito estarrecedor de intelectuais que sentem necessidade de falar como se fossem generais para serem levados a sério.

Minha única crítica a Margalit é que ele não chega às últimas consequências e pede o fim da ocupação militar e o reconhecimento israelense das injustiças feitas contra o povo palestino. Isso é o que se espera dos intelectuais, em vez de dissertarem sobre política da perspectiva dos políticos. Seja como for, a importância do texto de Margalit é que desmistifica a aura de Israel, que foi lentamente construída e cuidadosamente estruturada ao longo dos anos de forma a eliminar completamente os palestinos da cena.

Creio, portanto, que todo esforço de paz palestino necessita, antes de tudo, conseguir que Israel seja associado a seus atos, concentrar-se em pôr fim a essas práticas, em vez de negociar a respeito, diretamente ou por intermediários. Uma das falhas mais graves da liderança da OLP (ou seja, Iasser Arafat) em Oslo foi não só ter ignorado o que Israel fez como força de ocupação, mas também ter fechado os olhos para a própria existência da ocupação; não se pode fazer um acordo enquanto houver ocupação, que é como um câncer, que continua se expandindo, a não ser que seja identificado, isolado e depois atacado. A história de Israel prova isso.

Para aqueles que dizem que Israel deve ser reconhecido, a única resposta lúcida é perguntar "Que Israel"?, já que o país nunca teve fronteiras internacionalmente declaradas e continua revisando indefinidamente o tamanho de seu território. Nenhum outro país, desde a Segunda Guerra Mundial, tomou essa atitude e não há motivos pelos quais deixar isso continuar indefinidamente. A paz só pode ser feita sobre a base de uma retirada completa e o fim da ocupação. Estas são questões concretas, e não questões gerais, que muitas vezes nos desviam de nossos objetivos como povo em busca da autodeterminação.

Ao mesmo tempo que posso compreender o desejo da liderança palestina de fazer algo agora para tentar acabar com uma guerra de atrito obviamente desgastante, também acredito que é muito imoral e estúpido simplesmente retomar as negociações de Oslo como se nada tivesse acontecido. Em setembro de 1996, uma mini-Intifada começou depois que Israel provocativamente abriu um túnel sob o Haram, mas ela terminou com muitas mortes palestinas, e sem que nada tivesse mudado tanto no terreno quanto nas negociações. Durante o mandato de Barak, como Margalit corretamente aponta, a construção de assentamentos aumentou, juntamente com todas as dificuldades imagináveis para os palestinos.

Qual seria o sentido de a OLP continuar aceitando os sofrimentos insuportáveis de seu povo? Só para o sr. Arafat ser convidado novamente à Casa Branca? Não há sentido algum. O que me surpreende é a atitude descarada da Autoridade de simplesmente continuar com sua conversa de retomar as negociações, como se quatrocentas pessoas não tivessem morrido e treze mil sido feridas. Será que esses líderes não têm nenhuma dignidade, nenhum senso de decência e nem mesmo noção de sua própria história?

Parece, portanto, que a insensibilidade oficial de Israel com os palestinos foi internalizada, não apenas pelos sionistas extremistas americanos, o horrível Ariel Sharon e o *establishment* político israelense, mas também pela liderança palestina. Em sua entrevista para o *Jerusalem Post*, de 27 de abril, Sharon continuou repetindo que a Intifada consiste apenas de "terrorismo", reduzindo, portanto, os motivos e objetivos de toda a ação palestina a isso e apenas isso, com exceção de acabar com a resistência e encarcerar os ativistas islâmicos.

Arafat negociar a paz com Sharon, sem a remoção da palavra "terrorismo" do vocabulário de Israel, seria equivalente a aceitar a identificação da luta palestina contra a ocupação com terrorismo. Até onde eu sei, nenhum esforço concentrado tem sido feito, por meio de informação dirigida aos israelenses e aos americanos, para restaurar a realidade no discurso. A presunção lógica parece ser a sequência Israel–ocupação militar–resistência palestina. Assim, o que deve se tornar central para os esforços árabes agora é romper, e até mesmo destruir essa equação, e não simplesmente esgrimir argumentos abstratos sobre o Direito de Retorno para os refugiados palestinos.

Sharon, em seu regresso à política, esforçou-se conscientemente para apresentar a situação atual como sendo similar a 1948, com a intenção de reencenar o conflito de Israel com os palestinos como uma batalha pela própria sobrevivência do país. Ele parece não ter tido qualquer dificuldade em encontrar apoio para seu ponto de vista atávico e extremamente retrógrado entre alguns (mas obviamente não todos) israelenses, que responderam à ideia não declarada que os judeus nunca poderão viver livres de perseguições e hostilidades. Para um leigo, tal noção parece tanto improvável como insustentável, já que, certamente tendo estabelecido em muitos sentidos um Estado poderoso e bem-sucedido, os judeus israelenses estariam agora numa excelente posição para ser confiantes e magnânimos em sua atitude em relação às vítimas que eles trataram tão mal.

Mas continuam a reencenar a situação original, quando pela primeira vez tomaram as terras dos palestinos, consequentemente voltando a sentir a hostilidade e a angústia que eles próprios causaram aos outros, porém achando que o trauma era deles e não dos palestinos. Sharon explora essa terrível síndrome, um dos exemplos mais dramáticos da neurose que Freud chamou de "compulsão de repetir"; o indivíduo retorna continuamente à cena de seu trauma original, deixando-se aprisionar por um poderoso temor neurótico sem se valer nem do consolo da razão nem da realidade.

As políticas israelenses, portanto, têm de aparecer como elas são, e não como os propagandistas gostariam que elas fossem vistas. Para isso, precisamos dos esforços conjuntos dos dissidentes israelenses, assim como dos intelectuais árabes e dos cidadãos comuns. Pois não apenas as distorções da linguagem e o desconhecimento da história contaminaram mortalmente o processo de paz, mas parecem ter entrado no próprio pensamento dos líderes palestinos, cuja primeira responsabilidade é para com o povo que lideram e não com seus inimigos ou seus supostos patrocinadores (neste caso, os Estados Unidos).

As lições corretas deveriam ser tiradas dos comentários de Colin Powell sobre a invasão de Israel a Gaza. Ele basicamente condenou a resistência palestina e depois repreendeu a resposta israelense a ela como sendo algo desproporcional; isso está evidentemente muito longe da verdade e prolonga as distorções de percepção que têm debilitado nossos argumentos como um povo injustamente perseguido.

Publicado em *Z Magazine*, em 2001.

Mais um aperto no parafuso

A história não perdoa. Nela não se encontram leis contra o sofrimento e a crueldade, nem um equilíbrio interno que devolva a um povo contra o qual tanto se pecou seu lugar de direito no mundo. As visões cíclicas da história sempre me pareceram falhas por essa razão, como se o aperto do parafuso significasse que o mal de hoje se transformaria em bondade amanhã. Absurdo. Apertar o parafuso do sofrimento significa mais sofrimento, e não o caminho da salvação. O mais frustrante em relação à história, contudo, é o quanto dela escapa completamente da linguagem, da atenção e da memória. Assim, os historiadores têm se utilizado de metáforas e imagens poéticas para preencher os vazios. O primeiro grande historiador, Heródoto, por exemplo, era também conhecido como o pai das mentiras: tantas das coisas que ele escreveu enfeitaram e, em grande parte, esconderam a verdade que, em realidade, foram os poderes de sua imaginação que o tornaram um grande escritor, e não a enorme quantidade de fatos que apresentava.

Viver nos Estados Unidos neste momento é uma experiência terrível. Enquanto a grande mídia e o governo fazem eco um ao outro sobre o Oriente Médio, há visões alternativas disponíveis pela Internet, pelos telefones, pelos canais de satélite e pela imprensa local árabe e judaica. Não obstante, o quadro é alarmante, na medida em que o noticiário ao alcance do americano médio está soterrado por fotos e artigos quase completamente depurados de política internacional, exceto aquilo que se ajusta à "linha patriótica" emanada do governo: os Estados Unidos estão lutando contra os males do terrorismo; os Estados Unidos são bons; qualquer crítico é mau e antinorte-americano; quem resiste aos Estados Unidos, às suas políticas, às suas armas e às suas ideias é quase um terrorista. O que eu acho tão igualmente alarmante é como analistas de política externa americanos influentes – e a seu modo sofisticados –, insistem em afirmar que não conseguem entender por que o mundo inteiro (árabes e muçulmanos em particular) não aceita a mensagem dos Estados Unidos e por que o resto do planeta, incluindo a Europa, a Ásia, a África e a América Latina, persiste em criticar as políticas americanas no Afeganistão, o abandono unilateral de seis tratados internacionais, o total e incondicional apoio a Israel e sua política espantosamente impenitente quanto aos prisioneiros de guerra. A diferença entre a percepção que os americanos têm da realidade, de um lado, e a que tem o resto do mundo, de outro, é tão grande e irreconciliável que é impossível descrevê-la.

Palavras, apenas, são insuficientes para explicar como um secretário de Estado americano – que presumivelmente tem à mão todos os fatos – pode, sem traço algum de ironia, acusar o líder palestino Iasser Arafat de não fazer o suficiente contra o terror e de comprar cinquenta toneladas de armas para defender seu povo, enquanto Israel recebe sem custo algum tudo o que existe de mais letal e sofisticado do arsenal americano (ao mesmo tempo, é importante dizer, em relação ao incidente do Karine A, que a OLP agiu com uma incompetência que foi além até mesmo de seus próprios baixos padrões). Enquanto isso, Israel mantém Arafat encurralado em seu quartel-general em Ramallah, seu povo completamente aprisionado, os líderes assassinados, inocentes passando fome, doentes morrendo e a vida completamente paralisada. Ainda assim, os palestinos são acusados de terrorismo. O fato de haver trinta e cinco anos de ocupação militar simplesmente desapareceu tanto da mídia como dos discursos do governo dos Estados Unidos. Não se surpreenda se amanhã Arafat e seu povo forem acusados de estar sitiando Israel e bloqueando seus cidadãos e suas cidades. Não, aqueles não são aviões de Israel bombardeando Tulkarm e Jenin: são terroristas palestinos com asas jogando bombas em cidades israelenses.

Quanto a Israel na mídia norte-americana, seus porta-vozes se tornaram tão treinados em mentir, criando falsidades como um salsicheiro produz salsichas, que nada está além de sua ousadia. Ontem, ouvi um funcionário do Ministério da Defesa (até mesmo o nome gruda na garganta) israelense respondendo a perguntas de um repórter norte-americano sobre a destruição de casas em Rafah: "aquelas casas estavam vazias", disse ele, sem hesitação; "elas eram ninhos de terroristas, usados para matar cidadãos israelenses; temos de defender os cidadãos israelenses contra o terror palestino". O jornalista nem sequer se referiu à ocupação ou ao fato de que os "cidadãos" mencionados eram colonos. Já as imagens de várias centenas de pobres palestinos sem-teto – que apareceram rapidamente na mídia dos Estados Unidos, logo depois que os tratores (de fabricação americana) haviam demolido suas casas –, esses tinham desaparecido completamente da memória e da consciência do público.

A falta de reação árabe ultrapassou em desgraça e vergonha os baixíssimos padrões estabelecidos por nossos governos nos últimos cinquenta anos. Esse silêncio tão empedernido e essa postura de tamanho servilismo e incompetência diante dos Estados Unidos e de Israel são tão surpreendentes e inaceitáveis quanto à sua maneira o são as ações de Sharon e Bush. Estariam os líderes árabes tão temerosos de ofender os Estados Unidos que estariam dispostos a aceitar não apenas a humilhação palestina, mas também a sua própria? E para quê? Simplesmente para que se lhes permita continuar com a corrupção, a mediocridade e a opressão. Que acordo barato fizeram entre a promoção de seus interesses estreitos e a indulgência americana! Não é de se estranhar que quase não haja um árabe hoje em dia que não tenha pela palavra "regime" mais que um desprezo divertido, uma amargura pura e (exceto pelo círculo de conselheiros e aduladores) uma alienação enraivecida. Pelo menos agora, com as recentes conferências de imprensa promovidas por altos funcionários sauditas, em que se criticou a política dos Estados Unidos em relação a Israel, há uma bem-vinda quebra do silêncio, apesar de a desordem e desorganização em relação à futura reunião de cúpula árabe continuar a fazer crescer o já considerável número de incidentes mal administrados que demonstram desunião e atitudes desnecessárias.

Creio que o adjetivo "perverso" é correto para descrever o que está sendo feito à verdade da experiência palestina de sofrimento imposta por Sharon na Cisjordânia e Gaza coletivamente. Que ela não pode adequadamente ser descrita ou narrada; que os árabes não dizem e não fazem nada em apoio à luta palestina; que os Estados Unidos são tão terrivelmente hostis; que os europeus (exceto por sua recente declaração, que não contém medidas de implementação nela) são inúteis: tudo isso levou muitos de nós ao desespero e a um tipo de frustração desesperançada, que é um dos resultados almejados pelos funcionários do governo israelense e por seus contrapartes nos Estados Unidos. Reduzir as pessoas a um estado de indiferença para que não se importem mais com a situação e tornar-lhes a vida tão insuportável a ponto de fazer que lhes pareça necessário sacrificar a própria vida, resumem um estado de desespero que Sharon claramente procura criar. Ele foi eleito para isso e é isso também o que poderá lhe causar a perda do cargo, caso suas políticas fracassem. Então, Netanyahu seria eleito para tentar terminar a mesma tarefa horrível, desumana e, em última análise, suicida desse governo.

Acredito piamente que, diante de tal situação, a passividade e o ódio impotente – e até mesmo um fatalismo amargo – são respostas intelectuais e políticas impróprias. Exemplos do contrário ainda abundam. Os palestinos não têm nem sido intimidados nem persuadidos a desistir, e isso é um sinal de grande vontade e determinação. Nesse sentido, todas as medidas coletivas e as constantes humilhações dos palestinos por Israel se provaram ineficazes. Como afirmou um de seus generais, parar a resistência a partir de um cerco aos palestinos é como tentar beber o mar com uma colher. Simplesmente não funciona. Mas, tendo dito isso, também acredito piamente que temos de ir além da resistência teimosa em direção a uma resistência criativa, que vá além dos velhos e cansados métodos de desafiar os israelenses, que não fazem avançar o suficiente os interesses palestinos no processo. Tome-se o processo decisório como um simples exemplo. É muito bom para Arafat se sentar em seu próprio encarceramento em Ramallah e repetir infindavelmente que quer negociar: isso simplesmente não corresponde a um programa político; tampouco seu estilo pessoal é suficiente para mobilizar seu povo e seus aliados. Certamente é bom tomar nota da declaração europeia de apoio da Autoridade Palestina, mas é mais importante dizer algo sobre os reservistas israelenses que se recusaram a servir na Cisjordânia e em Gaza. Sem identificar os possíveis aliados e tentar trabalhar em conjunto com a resistência israelense à opressão de seu governo, não sairemos da estaca zero.

O fato é que cada aperto do parafuso das cruéis punições coletivas dialeticamente cria espaço para novos tipos de resistência, das quais os atentados suicidas a bomba simplesmente não fazem parte, da mesma forma que o estilo pessoal de Arafat de resistência (muito semelhante ao que dizia vinte ou trinta anos atrás em Amã e Beirute e Túnis) também não faz parte, pois não é novo. Não é novo e não está à altura do que vem sendo feito pelos opositores da ocupação militar israelense tanto na Palestina como em Israel. Por que não se preocupar em salientar o papel dos grupos israelenses específicos que se opuseram às demolições de casas, ao *apartheid*, aos assassinatos ou a quaisquer das demonstrações ilegais de provocação agressiva de Israel? Não há como derrotar a ocupação, a não ser que os palestinos e israelenses trabalhem juntos de maneiras concretas e específicas para acabar com ela. Isso, portanto, significa que grupos palestinos (com ou sem a direção da Autoridade Palestina) têm de tomar iniciativas – mesmo que ainda estejam evitando tomar (devido a compreensíveis temores de que estas signifiquem *normalização*) – e ativamente busquem e engajem a resistência israelense, assim como a resistência europeia, árabe e americana. Em outras palavras, com o fim das negociações de Oslo, a sociedade civil palestina foi libertada das limitações daquele processo de paz fraudulento. Essa nova força significa ir além dos tradicionais interlocutores – como o agora completamente desacreditado Partido Trabalhista e seus cupinchas –, na direção de esforços antiocupação mais corajosos e inovadores. Se a Autoridade Palestina quiser continuar chamando Israel para voltar à mesa de negociação, pode fazê-lo, é claro, desde que ela possa encontrar algum israelense para negociar. Mas isso não significa que as ONGs palestinas tenham de repetir o mesmo refrão, ou que tenham de continuar se preocupando com a normalização, que significava normalização com o Estado de Israel, e não com correntes ou grupos progressistas de sua sociedade civil que ativamente apoiam uma autoderminação palestina real e o fim da ocupação, dos assentamentos e das punições coletivas.

Sim, o parafuso vai se apertando, mas não traz apenas mais repressão israelense; ele também revela dialeticamente novas oportunidades para a engenhosidade e criatividade palestinas. Já há consideráveis sinais de progresso (apontados em meu último artigo) na sociedade civil palestina: uma atenção maior neles se faz necessária, especialmente quando as fissuras da sociedade israelense revelam uma população amedrontada, isolada e horrivelmente insegura, que necessita desesperadamente despertar para a realidade. Cabe sempre à vítima, e não ao opressor, mostrar novos caminhos para a resistência. Alguns sinais indicam que a sociedade civil palestina está começando a tomar a iniciativa. Esse é um excelente presságio numa época de desânimo e regressão instintivos.

Publicado originalmente em *Al-Ahram*, n. 571, de 31 de janeiro a 6 de fevereiro de 2002.

Legado da sociedade palestina é ter sobrevivido

Qualquer pessoa que tenha vínculo com a Palestina, hoje, se encontra em estado de ultraje.

Embora seja praticamente uma repetição do que ocorreu em 1982, o atual ataque colonial israelense contra a população palestina (com o apoio grotesco e espantosamente ignorante dos Estados Unidos) é, de fato, pior do que as duas grandes investidas anteriores de Sharon contra a mesma população, em 1971 e 1982.

O clima político e moral de hoje é bem mais grosseiro e redutor, o papel destrutivo da mídia (que tem destacado quase exclusivamente os ataques suicidas palestinos e os isolado de seu contexto no quadro dos trinta e cinco anos de ocupação israelense ilegal) vem sendo maior no sentido de favorecer a visão israelense, o poder dos Estados Unidos é mais incontestável, a guerra contra o terror tomou conta mais completamente da agenda global e, no que diz respeito ao ambiente árabe, a incoerência e a fragmentação são maiores que nunca.

Os instintos homicidas de Sharon foram fortalecidos e ampliados. Isso significa, na prática, que ele está podendo causar mais mal, de forma ainda mais impune, que antes, embora ele também esteja sendo solapado mais profundamente que antes pelo fracasso que acompanha a negação e o ódio exclusivos, que, em última análise, não alimentam o sucesso político, nem mesmo militar.

Os conflitos entre povos, como esse, abrangem mais do que é possível eliminar com tanques e poderio aéreo, e uma guerra contra civis desarmados – não importa quantas vezes Sharon repita seus estúpidos mantras relativos aos terror – jamais poderá trazer resultados políticos realmente duradouros, da espécie que seus sonhos lhe dizem que poderia ter.

Os palestinos não vão desaparecer. Ademais, Sharon quase certamente vai terminar desmoralizado e rejeitado por seu próprio povo. Ele não tem plano nenhum, exceto o de destruir tudo o que diz respeito à Palestina e aos palestinos. Mesmo sua irada fixação por Arafat e o terror não faz muito mais que aumentar o prestígio do líder palestino e, ao mesmo tempo, chamar atenção para a monomania cega da posição de Sharon.

Em última análise, porém, Sharon será um problema a ser resolvido por Israel. Para nós, a consideração mais importante, neste momento, é fazer tudo o que estiver em nosso poder para assegurar que, apesar do enorme sofrimento que nos é imposto, continuemos a seguir em frente.

Cada vez mais americanos e outros estão ficando desencantados com Israel, vendo-o como um protegido que custa muito caro aos Estados Unidos e lhe suga muitos recursos, que custa demais ao país, aumenta o isolamento americano e prejudica a reputação do país.

A questão é: o que, neste mais difícil dos momentos, podemos racionalmente aprender sobre a crise atual que precisemos incluir em nossos planos para o futuro?

O que tenho a dizer é altamente seletivo, mas é o fruto modesto de muitos anos de trabalho em prol da causa palestina, na condição de alguém que pertence ao mundo árabe e ao ocidental.

1. Para o bem ou para o mal, a Palestina não é uma causa apenas árabe ou islâmica – ela é importante para muitos mundos diferentes, contraditórios, mas que se entrecruzam. Trabalhar em prol da Palestina significa, necessariamente, ter consciência dessas muitas dimensões e educar-se constantemente nelas. Para isso, precisamos de uma liderança altamente educada, vigilante e sofisticada e do apoio democrático a ela. Sobretudo, precisamos ter consciência de que a Palestina é uma das grandes causas morais do nosso tempo. Portanto, devemos tratá-la como tal. É uma causa justa, que deve permitir que os palestinos alcancem e mantenham a superioridade moral.

2. Existem diferentes tipos de poder, e o poder militar é o mais evidente. Israel pôde fazer aos palestinos o que vem fazendo nos últimos cinquenta e quatro anos em consequência de uma campanha cuidadosa e cientificamente planejada para justificar moralmente as ações israelenses e, ao mesmo tempo, desvalorizar e apagar as palestinas. Não se trata só de manter uma força militar poderosa, mas de organizar a opinião pública.

O poder outorgado pela opinião pública é derivado de um trabalho lento e metódico, no qual a posição de Israel é vista como aquela com a qual é fácil identificar-se, enquanto os palestinos são vistos como os inimigos de Israel – logo, perigosos e repugnantes, já que estão contra "nós".

Desde o final da Guerra Fria, a Europa se tornou quase insignificante no que diz respeito à organização de opinião, imagens e pensamentos. Excetuando a própria Palestina, a principal arena da batalha é formada pelos Estados Unidos. Simplesmente nunca aprendemos a importância de organizar nosso trabalho político, de modo que, por exemplo, o norte-americano médio não pense imediatamente em "terrorismo" cada vez que se diz a palavra "palestino".

Israel tem, portanto, podido lidar conosco com impunidade pelo fato de não contarmos com a proteção de qualquer opinião pública capaz de impedir Sharon de cometer seus crimes de guerra e dizer que o que ele fez foi combater o terrorismo.

Em vista do imenso poder repetitivo, insistente e difusivo das imagens divulgadas pela CNN, por exemplo, nas quais a frase "terrorista suicida" é repetida cem vezes por hora diante do consumidor e contribuinte norte-americano, é o cúmulo da negligência não contarmos com uma equipe de pessoas em Washington, prontas para ir ao ar na CNN para contar a história pelo prisma palestino, fornecer contexto e facilitar a compreensão, conferindo-nos uma presença moral que tenha valor positivo. Precisamos de uma liderança futura que compreenda que, na era da comunicação eletrônica, essa é uma das lições básicas da política. O fato de isso não ter sido compreendido é parte da tragédia atual.

3. Simplesmente não adianta operar política e responsavelmente num mundo dominado por uma superpotência única sem contar com profundo conhecimento e familiaridade com essa superpotência, os Estados Unidos, sua história, suas instituições, suas correntes e contracorrentes, sua política e sua cultura. E, sobretudo, sem um conhecimento operacional perfeito de sua língua.

Os Estados Unidos não são um monólito. Temos amigos e temos possíveis amigos. Podemos cultivar amizades, mobilizar pessoas e utilizar nossas comunidades e as comunidades filiadas a elas neste país como parte integral de nossa política de integração. Planejamento, disciplina, coordenação.

Não compreendemos a política da não violência. Ademais, tampouco compreendemos a força que teria a tentativa de nos dirigirmos aos israelenses diretamente, dentro do quadro de uma política de inclusão e respeito mútuo. A coexistência é nossa resposta ao exclusivismo e à beligerância israelenses. Isso não significa fazer concessões, mas criar solidariedade, isolando os exclusivistas, os racistas e os fundamentalistas.

4. A lição mais importante de todas a nosso próprio respeito está manifesta nas terríveis tragédias que Israel está provocando nos territórios ocupados.

O fato é que somos um povo e uma sociedade, e, apesar do ataque israelense feroz contra a Autoridade Nacional Palestina, nossa sociedade continua a funcionar. Somos um povo porque possuímos uma sociedade que funciona e que segue adiante – e que o vem fazendo nos últimos cinquenta e quatro anos – a despeito de toda espécie de abuso, de toda espécie de virada cruel da história, de cada infortúnio que sofremos e de cada tragédia que passamos como povo.

Nossa maior vitória sobre Israel é o fato de que pessoas como Sharon e outros de sua laia não têm a capacidade de enxergar isso, e é por isso que estão fadados ao fracasso, a despeito de seu grande poder e de sua crueldade enorme e desumana. Já superamos as tragédias e as memórias de nosso passado, enquanto israelenses como Sharon ainda não o fizeram. Ele irá para o túmulo apenas como matador de árabes e como político fracassado que levou a seu povo mais intranquilidade e insegurança. Parte do legado de um líder certamente consiste em deixar para seus sucessores algo que sirva de alicerce sobre o qual as gerações futuras possam construir coisas novas. Sharon e todos os outros associados a ele nesta campanha repressiva e sádica de morte e carnificina vão deixar para trás apenas lápides de túmulos. A negação gera a negação.

Acho que nós, como palestinos, podemos dizer que deixamos uma visão e uma sociedade que vêm sobrevivendo a todas as tentativas de matá-las. E isso é alguma coisa. É alguma coisa para a geração dos meus e dos seus filhos, que poderão partir disso e seguir adiante, de maneira crítica e racional, com esperança e com tolerância.

Publicado na *Folha de S.Paulo*, Caderno Mundo, em 7 de abril de 2002. Tradução de Clara Allain.

A CRISE DOS JUDEUS NORTE-AMERICANOS

Algumas semanas atrás, aconteceu em Washington uma exaltada manifestação pró-Israel, praticamente no mesmo momento em que ocorria o cerco a Jenin. Todos os oradores eram figuras públicas proeminentes, incluindo vários senadores, líderes de importantes organizações judaicas e outras celebridades, que expressavam solidariedade irrestrita a todas as ações de Israel. O governo estava representado na ocasião por Paul Wolfowitz, número dois do Departamento de Defesa, um *falcão* de extrema-direita que tem falado em "acabar" com países como o Iraque desde setembro passado*. Também conhecido como um rígido partidário da linha dura de Israel, em seu discurso fez o mesmo que os demais – ou seja, exaltou Israel e expressou apoio total e incondicional àquele país –, mas, inesperadamente, fez uma referência rápida aos "sofrimentos dos palestinos". Por causa dessa frase, foi vaiado tão alto e por tanto tempo que não pôde continuar seu discurso e saiu do palanque desmoralizado.

A moral desse incidente é que o apoio dos judeus norte-americanos a Israel hoje em dia simplesmente não tolera nenhuma concessão à existência do povo palestino, exceto no contexto do terrorismo, da violência, do mal e do fanatismo. Além do mais, essa recusa em enxergar, e muito menos em ouvir, qualquer coisa sobre a existência do "outro lado", de longe excede o fanatismo do sentimento antiárabe entre os israelenses, que estão, como se sabe, na linha de frente da luta na Palestina. A julgar pela recente manifestação que reuniu sessenta mil pessoas contra a guerra em Tel-Aviv, o crescente número de reservistas militares que se recusam a servir nos territórios ocupados, o contínuo protesto de (admitidamente apenas alguns poucos) intelectuais e grupos, e de algumas

---

* Referência aos ataques terroristas de 11 de setembro de 2001 aos Estados Unidos.

pesquisas indicarem que a maioria dos israelenses está disposta a se retirar dos territórios ocupados em troca de paz com os palestinos, pode-se dizer que há, pelo menos, uma dinâmica na atividade política entre os judeus de Israel. Mas não nos Estados Unidos.

Duas semanas atrás, a revista semanal *New York*, com uma circulação de cerca de um milhão de exemplares, publicou um dossiê intitulado "Crisis for American Jews" (A crise dos judeus norte-americanos), afirmando que "em Nova York, assim como em Israel (esta é) uma questão de sobrevivência". Não tentarei resumir os pontos mais importantes dessa extraordinária afirmação, mas apenas dizer que pintava tal quadro de angústia em relação ao "que é mais precioso em minha vida, o Estado de Israel" – de acordo com um dos proeminentes nova-iorquinos citados na revista –, que se poderia pensar que a existência desta que é a mais próspera e poderosa de todas as minorias nos Estados Unidos estaria realmente sendo ameaçada. Outra das pessoas citadas chegou a ponto de sugerir que os judeus norte-americanos estariam à beira de um segundo Holocausto. Com certeza, como o autor de um dos artigos afirmou, a maioria dos judeus americanos apoia entusiasticamente o que Israel fez na Cisjordânia; outro chegou a dizer que seu filho havia se alistado no exército israelense e que agora estava "armado, era perigoso e mataria o maior número possível de palestinos".

O sentimento de culpa por estar bem de vida nos Estados Unidos desempenha um papel nesse tipo de raciocínio irreal, mas ele é sobretudo resultado de um extraordinário autoisolamento na fantasia e no mito, derivados de uma educação e de um nacionalismo irrefletido únicos no mundo. Desde que irrompeu a Intifada, há quase dois anos, a imprensa norte-americana e as principais organizações judaicas têm desencadeado todo tipo de ataques contra a educação islâmica no mundo árabe, no Paquistão e até mesmo nos Estados Unidos. Eles acusaram as autoridades islâmicas, bem como a Autoridade Palestina de Iasser Arafat, de ensinar os jovens a odiar os Estados Unidos e Israel, assim como de exaltar as virtudes dos atentados de homens-bomba suicidas e de tecer elogios desmedidos à Jihad. Pouco se fala, entretanto, sobre os ensinamentos que os judeus norte-americanos têm recebido sobre o conflito na Palestina: de que aquela terra foi dada aos judeus por Deus; que estava vazia; que foi liberada da Grã-Bretanha; que os nativos fugiram porque seus líderes mandaram; que na verdade os palestinos não existem, exceto como terroristas; que todos os árabes são antissemitas e querem matar os judeus.

Em nenhum lugar de todo esse incitamento ao ódio se reconhece a existência de um povo palestino e, além disso, em nenhum momento se faz a conexão entre a animosidade palestina e sua hostilidade em relação ao que o Estado de Israel tem feito aos palestinos desde 1948. É como se uma história inteira de expulsões, de destruição de uma sociedade e de trinta e cinco anos de ocupação da Cisjordânia e de Gaza – para não falar dos massacres, bombardeios, expropriações de terra, matanças, cercos, humilhações, anos de punição coletiva e assassinatos que vêm ocorrendo há décadas – não fossem nada, já que Israel seria vítima do ódio, da hostilidade e do antissemitismo dos palestinos. A maioria dos americanos que apoiam Israel simplesmente não se dá conta de que Israel é o verdadeiro autor de várias ações específicas realizadas em nome do povo judeu através de seu Estado, e associam, consequentemente, essas ações aos sentimentos palestinos de ódio e vingança.

O problema, no fundo, é que, como seres humanos, os palestinos não existem, ou seja, não existem como pessoas com uma história, tradições, sociedade, sofrimentos e ambições, como todos os outros povos do mundo. O motivo para que isso continue a ser visto dessa maneira pela maioria – mas certamente não por todos os judeus norte-americanos que apoiam Israel – é algo que vale a pena examinar. Tem sua origem no fato de que havia um povo nativo na Palestina. Todos os líderes sionistas sabiam e falavam disso. Mas tal fato, como algo concreto que poderia impedir a colonização da região, nunca poderia ser admitido. Daí a necessidade da prática coletiva sionista de negar o fato ou, mais especialmente nos Estados Unidos – onde o ambiente não é tão propício para uma verificação da verdade –, de mentir sobre ele para a criação de uma contrarrealidade. Durante décadas, afirmou-se às crianças israelenses em idade escolar que não existiam palestinos na região quando os pioneiros sionistas chegaram. Assim, aquele povo heterogêneo, que joga pedras e luta contra a ocupação israelense, é simplesmente um amontoado de terroristas que merecem ser assassinados. Resumindo, os palestinos nada merecem, nem mesmo ter uma história de seu povo ou uma realidade coletiva. Por isso, devem ser transformados e dissolvidos em imagens essencialmente negativas. Esse é o resultado de uma educação distorcida, inculcada em milhões de jovens que crescem sem qualquer consciência de que o povo palestino tem sido totalmente desumanizado para servir a um fim político-ideológico, que é o de manter forte o apoio a Israel.

O mais impressionante é que as noções de coexistência entre os povos não desempenham nenhum papel nesse tipo de distorção. Embora os judeus norte-americanos queiram ser reconhecidos ao mesmo tempo como judeus e como norte-americanos dentro dos Estados Unidos, não estão dispostos, por outro lado, a aceitar um *status* similar para os árabes e os palestinos, que são oprimidos por Israel desde sua fundação.

Só vivendo nos Estados Unidos por vários anos é que se pode ter noção da profundidade do problema, que de longe transcende a política comum. A supressão intelectual dos palestinos, decorrente da educação sionista, produziu um senso de realidade irracional e perigosamente distorcido, segundo o qual qualquer coisa que Israel faça, o faz como vítima; assim, de acordo com vários artigos que mencionei acima, os judeus norte-americanos em crise, por extensão, sentem a mesma coisa que a maioria dos judeus israelenses de direita; ou seja, que estão em risco e que sua sobrevivência está em jogo. Naturalmente, isso nada tem que ver com a realidade concreta, mas sim com um tipo de estado de alucinação que passa por cima da história e dos fatos com um supremo e impensado narcisismo. Uma defesa recente do que Wolfowitz disse em seu discurso nem sequer mencionou sua referência aos palestinos, mas apenas defendeu a política do presidente Bush para o Oriente Médio.

Isso é desumanização em grande escala, e se torna ainda pior, há que se dizer, pelas explosões de homens-bomba suicidas que desfiguraram e degradaram a luta palestina. Todos os movimentos de libertação da história afirmaram que eram pela vida, não pela morte. Por que o nosso deveria ser uma exceção? Quanto mais cedo educarmos nossos inimigos sionistas e mostrarmos que nossa resistência oferece coexistência e paz, menos provável será que nos matem à vontade e se refiram a nós como terroristas. Não estou dizendo que Sharon e Netanyahu possam mudar. Estou dizendo que há um eleitorado palestino, sim, palestino, assim como um israelense e um norte-americano, que precisa ser informado por meio de estratégias e métodos de que a força das armas e dos tanques e os homens-bomba e escavadeiras não são a solução, apenas produzem mais enganos e distorções dos fatos para os dois lados.

Publicado originalmente em *Al-Ahram*, n. 586, de 16 a 22 de maio de 2002.

Palestinos querem eleições e reformas já

Seis chamados distintos por reformas e eleições palestinas estão sendo lançados neste momento. Cinco deles são, no que diz respeito aos próprios palestinos, inúteis e irrelevantes.

O premiê de Israel, Ariel Sharon, quer uma reforma como maneira de tornar ainda mais impossível a vida nacional palestina – ou seja, como extensão de sua política fracassada de intervenção e destruição constantes. Ele quer livrar-se de Iasser Arafat, retalhar a Cisjordânia, dividindo-a em cantões cercados, reinstalar uma autoridade de ocupação – de preferência com a ajuda de alguns palestinos –, seguir adiante com os assentamentos e manter a segurança israelense da mesma maneira que já vem fazendo. Suas alucinações e obsessões próprias o cegaram a tal ponto que ele não consegue compreender que isso não resultará em paz ou segurança e, com certeza, não na "calma" da qual não para de falar. As eleições palestinas, no esquema de Sharon, não têm importância alguma.

O segundo chamado é dos Estados Unidos, que querem reformas principalmente como uma maneira de combater o "terrorismo" – termo que é uma panaceia que não leva em conta história, contexto, sociedade ou qualquer outra coisa. George W. Bush sente uma aversão visceral por Arafat e não entende nada sobre a situação palestina. Dizer que ele e sua administração descabelada "querem" alguma coisa equivale a dignificar demais uma sequência de impulsos, inícios, repentes, retrações, denúncias, afirmações totalmente contraditórias, missões inúteis conduzidas por diversos funcionários de sua administração e reviravoltas totais, conferindo a tudo isso o *status* de desejo global, algo que, evidentemente, não existe.

Incoerente, a não ser quando se trata das pressões e das pautas de prioridades do *lobby* israelense e da direita cristã, cujo líder se tornou presidente, a política de Bush consiste, na realidade, de chamados a Arafat para que ponha fim ao terrorismo e (quando ele quer aplacar os árabes) para que alguém, em algum lugar, de alguma maneira, crie um Estado palestino e uma grande conferência e, finalmente, para que Israel continue a receber o apoio total e incondicional dos Estados Unidos, incluindo, provavelmente, pôr fim à carreira de Arafat. Além disso ou fora disso, a política americana ainda aguarda ser formulada, por alguém, em algum lugar, de alguma maneira.

Devemos manter em mente sempre, porém, que o Oriente Médio é uma questão de política nacional para os EUA, não de política externa – logo, sujeita às dinâmicas internas e imprevisíveis da sociedade americana.

Tudo isso condiz muito bem com a exigência israelense, que não quer outra coisa a não ser tornar a vida dos palestinos, coletivamente, mais infeliz, miserável e insuportável do que já é, quer por meio de incursões militares, quer pela imposição de condições políticas impossíveis que atendem à frenética obsessão de Sharon por dizimar os palestinos para sempre. É claro que existem israelenses que querem coexistir com um Estado palestino, assim como há judeus norte-americanos que querem coisas semelhantes – mas nenhum desses dois grupos detém qualquer poder determinante. Sharon e a administração Bush estão dirigindo o *show*.

Em terceiro lugar há a proposta dos líderes árabes, que, pelo que consigo entender, é uma combinação de vários elementos diferentes, nenhum dos quais ajuda os palestinos diretamente. Para começo de conversa há o medo de suas próprias populações, que são testemunhas da destruição em massa cometida por Israel nos territórios palestinos e, essencialmente, que não é contestada, sem qualquer interferência árabe séria ou tentativa árabe de impedi-la. O plano de paz apresentado na cúpula de Beirute oferece a Israel precisamente aquilo que Sharon vem rejeitando – a terra em troca de paz –, e é uma proposta que não possui armas convincentes nem cronograma.

Pode ser positivo tê-lo registrado oficialmente, como contrapeso à beligerância israelense sem disfarce, mas nós não devemos alimentar ilusões sobre sua verdadeira intenção, que, como os chamados por reforma palestina, consiste em funcionar como gesto de apaziguamento feito às populações árabes enfurecidas, que estão totalmente fartas da medíocre inação de seus governantes.

Em segundo lugar, é claro, há o fato de que a maioria dos regimes árabes está pura e simplesmente farta do problema palestino. Esses regimes parecem não ter problema ideológico em encarar Israel como Estado judaico sem fronteiras declaradas e que ocupa Jerusalém, a Cisjordânia e a faixa de Gaza de maneira ilegal há trinta e cinco anos, ou, tampouco, com a marginalização dos palestinos causada por Israel. Estariam dispostos a aceitar essas injustiças terríveis sem maiores problemas, desde que Arafat e seu povo simplesmente se comportassem ou fossem embora, sem alarde. Em terceiro lugar, é claro, há o desejo que sentem os líderes árabes há anos de conquistar a benevolência dos Estados Unidos e, entre eles, de competir pelo título de aliado árabe mais importante dos Estados Unidos.

Talvez eles simplesmente não tenham consciência do desprezo que a maioria dos americanos lhes dedica e de quão pouco seu *status* cultural e político é compreendido ou valorizado nos Estados Unidos.

O quarto chamado no coro generalizado pedindo reformas vem da Europa. Mas os europeus apenas correm de um lado a outro, enviando emissários para falar com Sharon e Arafat; eles fazem declarações retumbantes em Bruxelas, financiam alguns projetos e mais ou menos param por aí, tão grande é a sombra lançada sobre eles pelos Estados Unidos.

O quinto chamado é o de Iasser Arafat e de seu círculo de seguidores, que, de repente, descobriram (pelo menos na teoria) as virtudes da democracia e da reforma. Sei que falo desde uma longa distância do campo de batalha e conheço também todos os argumentos segundo os quais Arafat, cercado, é um símbolo potente da resistência palestina contra a agressão israelense, mas cheguei a um ponto em que acho que nada disso ainda faz qualquer sentido. Arafat está interessado simplesmente em salvar sua própria pele. Ele teve quase dez anos de liberdade para governar seu pequeno reino e, em essência, conseguiu apenas atrair para si e para a maioria de sua equipe reações de escárnio e repúdio. A Autoridade Nacional Palestina tornou-se sinônimo de brutalidade, autocracia e corrupção inimaginável.

Por que alguém pode acreditar por um instante sequer, neste momento, que ele seja capaz de qualquer coisa diferente ou que seu novo gabinete mais enxuto (dominado pelos mesmos velhos rostos marcados pela derrota e pela incompetência) vai conseguir operar reformas de fato é algo que desafia a razão. Arafat é líder de um povo que vem sofrendo há anos e que, nos últimos doze meses, ele expôs a dor e sofrimento inaceitáveis, tudo isso baseado numa combinação de sua ausência de plano estratégico e sua confiança imperdoável nas boas intenções e práticas de Israel e dos Estados Unidos, através de Oslo. Líderes de movimentos de libertação e independência não deveriam expor seus povos desarmados à selvageria de criminosos de guerra como Sharon, contra o qual não havia defesa real nem preparo antecipado.

Para que, então, provocar uma guerra cujas vítimas, em sua maioria, seriam pessoas inocentes, quando você não possui nem a capacidade militar de travar essa guerra nem o peso diplomático necessário para pôr fim a ela? Tendo feito isso por três vezes já (na Jordânia, no Líbano e na Cisjordânia), Arafat não deveria ter a oportunidade de provocar um quarto desastre. Essa oportunidade não lhe deveria ser permitida.

Ele já anunciou que haverá eleições no início de 2003, mas o verdadeiro alvo de sua atenção é a reorganização dos serviços de segurança. Não é de hoje que chamo a atenção em minhas colunas para o fato de que o aparelho de segurança de Arafat sempre foi projetado principalmente para servir a ele e a Israel, já que os acordos de Oslo foram baseados no fato de ele ter fechado um acordo com a ocupação militar israelense. Israel estava preocupada exclusivamente com sua segurança, pela qual responsabilizava Arafat (posição que ele, por sinal, aceitava de bom grado já em 1992). Enquanto isso, Arafat usou os quinze, dezenove ou seja lá qual for o número correto de grupos para disputarem o poder entre eles, tática que ele aperfeiçoou em Fakahani [região de Beirute onde ficava o QG de Arafat] e que é evidentemente estúpida, no que diz respeito ao bem comum. Ele nunca chegou a realmente refrear o Hamas e o Jihad Islâmico, fato que se encaixava perfeitamente com os objetivos de Israel, na medida em que teria uma desculpa pronta para utilizar os atentados suicidas dos chamados mártires (insensatos) para punir ainda mais todo o povo palestino. Se existe uma coisa, somada ao regime destrutivo de Arafat, que nos fez mais mal do que este, como causa, é essa política calamitosa de matar civis israelenses, política esta que comprova mais uma vez diante do mundo que somos de fato terroristas, que somos um movimento imoral. Quem ganha com isso, ninguém até agora foi capaz de dizer.

Tendo, portanto, feito um acordo com a ocupação, por meio de Oslo, Arafat nunca esteve realmente em posição de poder liderar um movimento para acabar com ela. E, ironicamente, agora ele está tentando fechar outro acordo, tanto para salvar sua pele quanto para provar aos Estados Unidos, a Israel e aos outros árabes que ele merece mais uma chance.

Eu, pessoalmente, não ligo a mínima para o que dizem Bush, Sharon ou os líderes árabes: estou interessado naquilo que nós, enquanto povo, pensamos de nosso líder, e acho que precisamos ter clareza absoluta para rejeitar integralmente seu projeto de reforma, eleições, reorganização do governo e dos serviços de segurança.

O histórico de fracassos de Arafat é sombrio demais, sua capacidade de líder está demasiado enfraquecida e incompetente para que ele possa tentar, mais uma vez, salvar-se para lançar uma nova tentativa.

O sexto e último chamado é o do próprio povo palestino, que está clamando, justificadamente, por reformas e eleições. Esse clamor, a meu ver, é o único legítimo entre os seis que descrevi resumidamente aqui. É importante observar que a administração atual de Arafat, assim como o Conselho Legislativo, já ultrapassaram seu mandato original, que deveria ter chegado ao fim com uma nova rodada de eleições, em 1999. Ademais, as eleições de 1996 foram inteiramente baseadas nos acordos de Oslo, que, na prática, simplesmente autorizaram Arafat e sua gente a administrar pedaços da Cisjordânia e da faixa de Gaza para Israel, sem qualquer soberania ou segurança reais, já que Israel conservou o controle das fronteiras, da segurança, da terra (na qual dobrou e até triplicou os assentamentos), da água e do ar. Em outras palavras, a velha base para as eleições e as reformas, que era Oslo, já foi invalidada. Qualquer tentativa de seguir em frente com base nesse tipo de plataforma não passa de artimanha perdulária e não vai resultar em reforma ou eleições reais. Vem daí a confusão atual, que leva todo palestino em qualquer parte do mundo a sentir amarga frustração e vergonha.

O que pode ser feito, então, se a velha base da legitimidade palestina não existe mais, na realidade? Com certeza não pode haver volta a Oslo, não mais do que pode haver qualquer retorno às leis jordanianas ou israelenses. Como estudioso dos períodos de transformação histórica importantes, eu gostaria de chamar a atenção para o fato de que, nos casos em que aconteceu uma ruptura importante com o passado (como, por exemplo, durante o período que se seguiu à queda da monarquia devido à Revolução Francesa, ou ao fim do *apartheid*, na África do Sul, antes das eleições de 1994), uma nova base para a legitimidade precisa ser criada por aquela que, em última análise, é a única fonte real de legitimidade: a própria população. Os principais interesses existentes no interior da sociedade palestina, aqueles que mantêm a vida em andamento – que abrangem desde os sindicatos até os profissionais de saúde, professores, agricultores, advogados, médicos, além das muitas ONGs –, precisam tornar-se a base sobre a qual será erguida a reforma palestina, apesar das incursões e da ocupação israelense.

Parece-me inútil esperar que Arafat, a Europa, os Estados Unidos ou os árabes o façam: é absolutamente necessário que seja feito pelos próprios palestinos, por meio de uma Assembleia Constituinte que represente todos os setores mais importantes da sociedade palestina. Apenas um grupo como esse, formado pelas próprias pessoas e não por remanescentes das disposições de Oslo – e certamente não pelos resquícios maltrapilhos da desacreditada autoridade de Arafat –, pode ter a esperança de conseguir reorganizar a sociedade palestina a partir da condição ruinosa e catastroficamente incoerente em que se encontra.

Existe uma tarefa básica para tal Assembleia Constituinte, que consiste em construir um sistema emergencial de ordem que tenha dois objetivos. Um deles é manter a vida palestina funcionando de modo ordeiro, com plena participação de todos os envolvidos. O outro é escolher um comitê executivo emergencial encarregado de pôr fim à ocupação, não de negociar com ela. Está claro que, em termos militares, não podemos fazer frente a Israel. Quando o equilíbrio de poder é tão desigual, fuzis Kalachnikov não constituem armas eficazes. O que é preciso é um método de luta criativo, que mobilize todos os recursos humanos que temos à disposição para destacar, isolar e pouco a pouco tornar insustentáveis os principais aspectos da ocupação israelense – ou seja, os assentamentos, as estradas dos assentamentos, as barreiras nas estradas e as demolições de casas.

O grupo que cerca Arafat atualmente é incapaz de imaginar uma estratégia desse tipo, muito menos de realmente implementá-la: é falido demais, demasiado envolvido em práticas corruptas egoístas e demasiado onerado pelo peso dos fracassos do passado.

Para que uma estratégia palestina desse tipo possa funcionar, é preciso que haja um componente israelense feito de indivíduos e grupos com os quais possa e seja estabelecida uma base comum para a luta contra a ocupação.

É essa a grande lição a ser tirada da luta sul-africana: o fato de que ela propôs a visão de uma sociedade multirracial, visão esta da qual não se desviaram, em nenhum momento, nem as pessoas nem os grupos ou seus líderes.

A única visão a sair de Israel, hoje, é a violência, a separação forçada e a subordinação contínua do palestino à ideia da supremacia judaica. Nem todo israelense acredita nisso, é claro, mas cabe a nós projetar a ideia de coexistência em dois Estados que têm relações naturais entre eles, com base na soberania e na igualdade.

O sionismo "*mainstream*" ainda não conseguiu produzir tal visão, então ela precisa sair do povo palestino e de seus novos líderes, cuja nova legitimidade precisa ser construída agora, no momento em que tudo está caindo por terra e todos querem refazer a Palestina à sua própria imagem e segundo suas próprias ideias.

Nunca enfrentamos um momento pior nem, ao mesmo tempo, tão seminal. A ordem árabe está totalmente de cabeça para baixo; a administração norte-americana se encontra controlada, na prática, pela direita cristã e pelo *lobby* israelense (em 24 horas, tudo com que George W. Bush parecia ter concordado com o presidente Hosni Mubarak, do Egito, foi invertido pela visita de Sharon), e nossa sociedade foi quase destruída por uma liderança fraca e a insanidade de se imaginar que atentados suicidas pudessem conduzir diretamente à criação de um Estado islâmico palestino. Sempre existe esperança para o futuro, mas é preciso saber procurá-la e encontrá-la no lugar certo. Está muito claro que, na ausência de qualquer política série de informação política palestina ou árabe nos Estados Unidos (especialmente no Congresso), não podemos nos iludir, por um instante sequer, acreditando que Powell e Bush estejam prestes a redigir uma pauta real de reabilitação palestina. É por isso que eu não canso de repetir que o esforço precisa vir de nós, através de nós, por nós e para nós. Estou ao menos tentando sugerir uma abordagem diferente. Quem, a não ser o próprio povo palestino, pode construir a legitimidade de que ele precisa para governar-se e combater a ocupação com armas que não matem inocentes e nos levem a perder mais apoio do que nunca?

Uma causa justa pode facilmente ser subvertida por meios ruins, inadequados ou corruptos. Quanto antes essa ideia for posta em prática, maior será a chance que teremos de nos conduzirmos para fora do impasse atual.

Publicado na *Folha de S.Paulo*, Caderno Mundo, em 23 de junho de 2002. Tradução de Clara Allain.

Rua de mão única

Mesmo para os padrões terrivelmente baixos de suas outras intervenções, o discurso sobre o Oriente Médio, proferido por George W. Bush em 24 de junho, foi um exemplo alarmante de quão execrável é a combinação de um pensamento confuso; de palavras sem significado verdadeiro no mundo real formado de seres humanos que vivem e respiram; de injunções pregadoras e racistas contra os palestinos; de uma incrível cegueira e delírios em relação às realidades de uma invasão e conquista israelenses em curso, que vão contra todas as leis da guerra e da paz; todas essas asserções embaladas num tom presunçoso de um juiz moralista, teimoso e ignorante, que se arrogou privilégios divinos e que agora dirige a política externa americana. E isso, é importante lembrar, é feito por um homem que praticamente roubou uma eleição que não ganhou, e que tem em seu histórico, no mandato como governador do Texas, os piores níveis de poluição, uma corrupção escandalosa e as mais altas taxas de prisões e penas capitais no mundo. Esse homem, dotado de poucos talentos – exceto a busca cega por dinheiro e poder –, tem a capacidade de condenar os palestinos não apenas aos suaves caprichos do criminoso de guerra Sharon, mas também às horríveis consequências de suas próprias condenações vazias. Cercado por três dos políticos dos mais venais do mundo (Powell, Rumsfeld e Rice), ele pronunciou seu discurso no tom cadenciado de um estudante de oratória medíocre e, assim, permitiu que Sharon matasse ou ferisse muito mais palestinos numa ocupação militar ilegal endossada pelos Estados Unidos.

Não se trata apenas de que o discurso de Bush carecesse de qualquer consciência histórica do que estava propondo, mas de que sua capacidade de causar dano fosse tão grande. Era como se Sharon tivesse escrito o discurso e amalgamado a desproporcional obsessão americana com o terrorismo à determinação de Sharon de eliminar a vida nacional palestina sob o rótulo do terrorismo e da supremacia judaica na "terra de Israel". Quanto ao resto, as concessões superficiais de Bush com relação a um Estado palestino "provisório" (seja lá o que isso signifique, talvez uma analogia a uma gravidez provisória?) e seus comentários triviais sobre aliviar as dificuldades da vida palestina não trouxeram nada a este seu novo pronunciamento que merecesse a reação positiva generalizada – que eu chamaria de cômica –, provocada nas lideranças árabes, Iasser Arafat liderando o bando no que diz respeito ao entusiasmo.

Os cinquenta anos de negociações de árabes e palestinos com os Estados Unidos terminaram na lata de lixo, dando tempo para que Bush e seus conselheiros pudessem se convencer, e a grande parte de seu eleitorado, de que tinham a missão divina de exterminar o terrorismo, o que significa essencialmente todos os inimigos de Israel. Um rápido exame desses cinquenta anos mostra de forma dramática que nem uma atitude árabe desafiadora nem uma postura submissa acarretaram qualquer mudança nas percepções americanas e de seus interesses no Oriente Médio, que continuam a ser o fornecimento rápido e barato de petróleo e a proteção de Israel, os dois aspectos principais de sua dominação regional.

De Abdel-Nasser a Bashar, Abdullah e Mubarak, a política árabe, contudo, passou por um giro de 180 graus, com mais ou menos os mesmos resultados. Primeiro, houve um alinhamento árabe desafiador nos anos pós-independência, inspirado pela filosofia anti-imperialista, antiguerra fria de Bandung e do nasserismo. Isso acabou catastroficamente em 1967.

Daí em diante, liderado pelo Egito sob o governo Sadat, ocorreu uma mudança, que resultou na cooperação entre os Estados Unidos e os árabes, com base na ideia totalmente falsa de que os Estados Unidos detêm 99 por cento das cartas. O que permaneceu de cooperação inter-árabe foi declinando lentamente, a partir de seu ponto alto na guerra de 1973 e o embargo do petróleo, até chegar a uma guerra fria árabe, que jogou vários Estados uns contra os outros. Em alguns casos, como o Kuwait e o Líbano, Estados pequenos e fracos se tornaram campo de batalha, mas, para todos os fins, a cabeça oficial do sistema de Estados árabes passou a pensar exclusivamente em termos dos Estados Unidos como o principal foco da política árabe. Com a primeira Guerra do Golfo (em breve haverá a segunda) e o fim da Guerra Fria, os Estados Unidos permaneceram a única superpotência, o que em, vez de estimular uma reavaliação radical da política árabe, levou seus vários Estados a uma união individual, ou melhor, bilateral, mais profunda com os Estados Unidos, cuja reação, na realidade, foi aceitá-la como algo devido. As reuniões de cúpula árabes se tornaram menos eventos para apresentar posições com alguma credibilidade do que ocasiões de escárnio e desprezo. Os formuladores da política dos Estados Unidos logo se deram conta de que os líderes árabes mal representavam seus próprios países, muito menos a totalidade do mundo árabe; e, além disso, não era preciso ser um gênio para notar que vários acordos bilaterais entre os líderes árabes e os Estados Unidos eram mais importantes para a segurança de seus regimes do que para os Estados Unidos. Isso para não mencionar as pequenas invejas e animosidades que praticamente castraram o povo árabe como um poder a ser levado em conta no mundo moderno. Não é de se estranhar que o palestino de hoje, que sofre os horrores da ocupação israelense, culpe tanto os "árabes" quanto os israelenses.

No começo dos anos 1980, todos no mundo árabe estavam prontos a fazer a paz com Israel, como uma forma de garantir a boa-fé dos Estados Unidos em relação a eles – tome-se, por exemplo, o Plano Fez de 1982, que estipulava a paz com Israel em troca da retirada de todos os territórios ocupados. A reunião de cúpula árabe, de março de 2002, representou novamente a mesma peça, desta vez como uma farsa, dever-se-ia dizer, e com um efeito igualmente insignificante. E é precisamente a partir daquela época, duas décadas atrás, que a política dos Estados Unidos em relação à Palestina modificou completamente suas bases, para pior. Como a ex-analista sênior da CIA, Kathleen Christison, mostra, num excelente estudo, publicado na revista quinzenal *Counterpunch* (16-31 de maio de 2002), a velha fórmula "terra por paz" foi abandonada pelo governo Reagan, depois mais entusiasticamente pelo de Clinton, ironicamente no mesmo momento em que a política árabe em geral e a política palestina em particular haviam concentrado suas energias para apaziguar os Estados Unidos no maior número de frentes possíveis. Em novembro de 1988, a OLP havia oficialmente abandonado a "liberação", e no encontro de Argel da CNP (de que participei como membro) votou pela partilha e coexistência para os dois Estados; em dezembro daquele ano, Iasser Arafat publicamente renunciou ao terrorismo e o diálogo entre a OLP e os Estados Unidos começou em Túnis.

A nova ordem árabe que emergiu depois da Guerra do Golfo institucionalizou o tráfico de mão única entre os Estados Unidos e os árabes: os árabes cederam, e os Estados Unidos cederam mais ainda a Israel. A Conferência de Madri, de 1991, se baseou na premissa – para os palestinos – de que os Estados Unidos os reconheceriam e persuadiriam Israel a fazer o mesmo. Lembro-me bem de que durante o verão de 1991, junto com um grupo de figuras mais graduadas da OLP e independentes, fomos incumbidos por Arafat de formular uma série de garantias que demandávamos dos Estados Unidos para aceitar participar da conferência de Madri, que em breve seria realizada e que levou (apesar de nenhum de nós saber disso) ao processo de Oslo, em 1993. Na prática, Arafat vetou todas as nossas sugestões de garantias americanas. Ele apenas queria garantias de que continuaria sendo o principal negociador dos palestinos; nada mais parecia preocupá-lo, apesar de que uma boa delegação da Cisjordânia, encabeçada por

Haidar Abdel-Shafi, estava dando continuidade ao seu trabalho em Washington, enfrentando uma dura equipe israelense que havia sido instruída por Shamir para não fazer concessão alguma e para estender as conversações por dez anos se necessário. A ideia de Arafat era sabotar os representantes de seu próprio povo ao oferecer mais e mais concessões, o que essencialmente significava que ele não fazia qualquer exigência prévia, nem a Israel nem aos Estados Unidos, simplesmente para que pudesse permanecer no poder.

Isso e o ambiente que existia no pós-1967 solidificaram a dinâmica Estados Unidos–Palestina na já permanente distorção do período de Oslo e pós-Oslo. Tanto quanto sei, os Estados Unidos nunca pediram à Autoridade Palestina (nem a qualquer outro regime árabe) que estabelecesse procedimentos democráticos. Muito pelo contrário, Clinton e Gore aprovaram publicamente os tribunais palestinos de Segurança do Estado quando visitaram Gaza e Jericó, respectivamente, e pouca ênfase, se é que houve alguma, foi dada para a questão de se acabar com a corrupção, os monopólios e similares. Eu mesmo havia escrito sobre os problemas do governo Arafat desde a década de 1990, recebendo indiferença ou desprezo aberto como reação ao que tinha a dizer (cuja maior parte se provou correta). Fui acusado de ter uma utópica falta de pragmatismo e realismo. Estava claro que para os israelenses e os americanos, assim como para outros árabes, havia uma combinação de interesses que fazia a Autoridade ser o que era, e que a manteve no lugar tanto como uma força policial israelense ou, mais tarde, como o foco de tudo que os israelenses amavam detestar. Nenhuma resistência séria à ocupação foi desenvolvida sob Arafat, e ele continuou a permitir que bandos de militantes, outras facções da OLP e forças de segurança circulassem sem controle pelo cenário civil. Uma grande quantidade de dinheiro ilícito foi ganha, enquanto a população em geral perdeu mais de 50 por cento dos recursos que tinha antes de Oslo.

A Intifada mudou tudo, assim como o fez o governo de Barak, que preparou o caminho para a reentrada de Sharon em cena. E a política árabe continuou a ser apaziguar os Estados Unidos. Um pequeno sinal disso é a mudança do discurso árabe nos Estados Unidos. Abdullah, da Jordânia, parou completamente de criticar Israel na TV americana, referindo-se sempre à necessidade de "os dois lados" cessarem "a violência". Linguagem similar foi ouvida de vários outros porta-vozes dos principais países árabes, indicando que a Palestina havia se tornado um incômodo a ser controlado, em vez de uma injustiça a ser corrigida.

O mais significativo de tudo isso é que a propaganda israelense, o desprezo americano pelos árabes e a incapacidade árabe (assim como palestina) para formular e representar os interesses de seu próprio povo levaram a uma vasta desumanização dos palestinos, que sofrem enormemente dia após dia, ou melhor, a cada hora e de minuto a minuto, e ficaram sem nenhum *status*. É como se os palestinos não existissem, exceto quando algum indivíduo comete um ato terrorista, e, então, o aparato da mídia do mundo inteiro salta e encobre sua existência real, ao envolvê-lo num enorme cobertor que diz "terrorista". Não conheço desumanização sistemática na história moderna que nem sequer se aproxime disso, apesar de uma ocasional voz discordante aqui e acolá.

O que me preocupa, acima de tudo, é a cooperação árabe e palestina (colaboração é a melhor palavra) na desumanização. Nosso pequeno número de representantes na mídia, no melhor dos casos, fala com competência e sem emoção sobre os méritos do discurso de Bush ou do Plano Mitchell, mas nenhum deles, que eu tenha visto, representa os sofrimentos de seu povo, sua história ou atualidade. Falei várias vezes sobre a necessidade de uma campanha de massa nos Estados Unidos contra a ocupação, mas finalmente cheguei à conclusão de que as chances de fazer isso são pequenas para os palestinos sob essa ocupação israelense horrível, kafkiana. No que penso que temos alguma esperança é em tentar (como sugeri em meu último artigo sobre as eleições palestinas) estabelecer uma assembleia constituinte no nível popular. Temos há tanto tempo estado na posição de objetos passivos da política israelense e árabe que não percebemos adequadamente o quão importante – e, na verdade, o quão urgente – é para os palestinos agora dar um primeiro passo, próprio e independente, de fundação, para tentar estabelecer um novo processo de autoconstrução que crie legitimidade e possibilidade de instituições melhores para nós mesmos do que as que agora existem. Todas as reformas de gabinete e projetadas eleições que foram anunciadas até agora são jogos ridículos jogados com fragmentos e ruínas de Oslo. Para Arafat e sua assembleia, começar a planejar a democracia é como tentar juntar os cacos de um copo de vidro quebrado.

Felizmente, contudo, a nova Iniciativa Nacional Palestina anunciada duas semanas atrás, por seus autores, Ibrahim Dakkak, Mustafa Barghouti e Haidar Abdel-Shafi, dá exatamente as respostas para essa necessidade, que resultou do fracasso tanto da OLP e de grupos como o Hamas em fornecer um caminho que não dependa (ridiculamente, na minha opinião) da boa vontade americana e israelense. A Iniciativa fornece uma visão de paz com justiça, a coexistência e – algo que é extremamente importante – uma democracia social secular para nosso povo, singular na história palestina. Somente um grupo de pessoas independentes bem enraizadas na sociedade civil e não manchadas pela colaboração ou corrupção possa talvez fornecer as linhas gerais da nova legitimidade de que precisamos. Necessitamos de uma constituição de verdade, não de uma lei básica com que Arafat possa brincar; necessitamos de uma verdadeira democracia representativa, que apenas os palestinos podem conseguir para si mesmos, através de uma assembleia fundadora. Esse é o único passo positivo que pode reverter o processo de desumanização que infectou tantos setores do mundo árabe. Caso contrário, afundaremos em nosso sofrimento e continuaremos a suportar as horríveis tribulações da punição coletiva israelense, que apenas pode ser detida por uma independência política coletiva, da qual ainda somos muito capazes. A boa vontade e "moderação" fabuladas por Colin Powell nunca farão isso por nós. Nunca.

Publicado originalmente em *Al-Ahram*, n. 594, de 11 a 17 de julho de 2002.

OBRAS DE EDWARD SAID PUBLICADAS

Joseph Conrad and the fiction of autobiography
Beginnings: intention and method
*Orientalism**
The question of Palestine
Literature and society (organizador)
Covering Islam
The world, the text, and the critic
After the last sky (com Jean Mohr)
Blaming the victims
*Musical elaborations**
*Culture and imperialism**
The politics of dispossession
Representations of the intellectual
Peace and its discontents
The pen and the sword
Entre guerre et paix
Out of place
The end of the peace process
Reflections on exile
The Edward Said Reader (organizado por Moustafa Bayoumi e Andrew Rubin)

---

* Títulos publicados no Brasil.

OUTROS LANÇAMENTOS DA BOITEMPO EDITORIAL

Brasil: uma biografia não autorizada
FRANCISCO DE OLIVEIRA
Apresentação de Fabio Mascaro Querido e Ruy Braga
Orelha de Marcelo Ridenti

Esquerdas do mundo, uni-vos!
BOAVENTURA DE SOUSA SANTOS
Orelha de Guilherme Boulos e Tarso Genro
Quarta capa de Nilma Lino Gomes

Gênero e desigualdades: limites da democracia no Brasil
FLÁVIA BIROLI
Orelha de Céli Pinto
Quarta capa de Albertina de Oliveira Costa

A liberdade é uma luta constante
ANGELA DAVIS
Organização de Frank Barat
Tradução de Heci Regina Candiani
Prefácio à edição brasileira de Angela Figueiredo
Prefácio de Cornel West
Orelha de Conceição Evaristo

A nova segregação: racismo e encarceramento em massa
MICHELLE ALEXANDER
Tradução de Pedro Davoglio
Revisão técnica e notas de Silvio Luiz de Almeida
Apresentação de Ana Luiza Pinheiro Flausina
Orelha de Alessandra Devulsky
Quarta capa de Eliane Dias

Manifesto Comunista/Teses de abril
KARL MARX E FRIEDRICH ENGELS/ VLADÍMIR ILÍTCH LÊNIN
Com textos introdutórios de Tariq Ali

COLEÇÃO TINTA VERMELHA

Por que gritamos golpe?
IVANA JINKINGS, KIM DORIA E MURILO CLETO (ORGS.)
Apresentação de Ivana Jinkings
Quarta capa de Luiza Erundina e Boaventura de Sousa Santos

📖 COLEÇÃO MARX-ENGELS

Diferença entre a filosofia da natureza de Demócrito e a de Epicuro
Karl Marx
Tradução de **Nélio Schneider**
Apresentação de **Ana Selva Albinati**
Orelha de **Rodnei Nascimento**

📖 COLEÇÃO ESTADO DE SÍTIO

Coordenação de Paulo Arantes

Comum: ensaio sobre a revolução no século XXI
Pierre Dardot e Christian Laval
Tradução de **Mariana Echalar**
Orelha de **Eleutério Prado**

📖 COLEÇÃO MARXISMO E LITERATURA

Coordenação de Michael Löwy

Ensaios sobre Brecht
Walter Benjamin
Tradução de **Claudia Abeling**
Posfácios de **Sérgio de Carvalho e José Antonio Pasta**
Orelha de **Iná Camargo Costa**

📖 COLEÇÃO MUNDO DO TRABALHO

Coordenação de Ricardo Antunes

Gênero e trabalho no Brasil e na França
Alice Rangel de Paiva Abreu, Helena Hirata e Maria Rosa Lombardi (orgs.)
Tradução de **Carol de Paula**
Prefácio de **Tatau Godinho**
Orelha de **Renata Gonçalves**
Quarta capa de **Miriam Nobre**

📖 COLEÇÃO CLÁSSICOS BOITEMPO

Tempos difíceis
Charles Dickens
Tradução de **José Baltazar Pereira Júnior**
Orelha de **Daniel Puglia**
Ilustrações de **Harry French**

📖 **LITERATURA**

Estação Perdido
CHINA MIÉVILLE
Tradução de **José Baltazar Pereira Júnior** e **Fábio Fernandes**
Orelha de **Fausto Fawcett**

📖 **SELO BARRICADA**

Conselho editorial Gilberto Maringoni e Luiz Gê

Marx: uma biografia em quadrinhos
ANNE SIMON E CORINNE MAIER
Tradução de **Mariana Echalar**
Letras de **Lilian Mitsunaga**

📖 **SELO BOITATÁ**

O capital para crianças
JOAN R. RIERA (ADAPTAÇÃO)
Ilustrações de **Liliana Fortuny**
Tradução de **Thaisa Burani**

Meu crespo é de rainha
BELL HOOKS
Ilustrações de **Chris Raschka**
Tradução de **Nina Rizzi**

O Deus Dinheiro
KARL MARX E MAGUMA (ILUSTRAÇÕES)
Tradução de **Jesus Ranieri** e **Artur Renzo**

Este livro foi composto em Adobe
Garamond, 11/13,2, e reimpresso
em papel Chambril Avena 80 g/m²
pela gráfica Forma Certa, para a
Boitempo, em setembro de 2024,
com tiragem de 300 exemplares.